マーケティングに役立つ
統計の読み方

蛭川 速
Hayato Hirukawa

日本能率協会マネジメントセンター

はじめに

　日本にマーケティングという概念が登場してから、約60年が経過しています。新商品開発や販売促進、広告宣伝の担当に限らず、あらゆる仕事の中でマーケティング活動は行われています。

　そうしたなか、ビッグデータをマーケティングに活用する動きが産業界をはじめ、あらゆるところで始まっています。SNSなどITCが目覚しく進展する社会では、これまで想像できないほどの大量のデータが蓄積されていきます。そのデータを複雑怪奇と思うのではなく、より精度の高いマーケティング活動に役立たせることができるビッグチャンスと捉えることが、これからのビジネスでは基本的な姿勢といえるでしょう。

　本書では、ビッグデータ時代の到来となった今、データ分析に対する基本的な知識と、実務でどのように活用すればよいかを図表や事例を使ってわかりやすく解説しています。とくに統計解析は数学的知識を伴うとされていますが、数字アレルギーの方にも楽しんでもらえるように、基本的に数式を使わずに解説することを試みました。数式を使わない代わりに、グラフを多用することで「読んで、見て理解する本」に注力しました。

　こうした工夫によって、読者の方々の統計スキルとマーケティングスキルを少しでも向上させるお手伝いができれば、著者望外の喜びです。

　また、統計的な見方でマーケティングを考えることによって、仮説構築のプロセスが論理的に展開できるようになることも、本書の特徴として付け加えることができると思います。

2013年9月

蛭川 速

CONTENTS

マーケティングに役立つ統計の読み方◎目次

第1章 統計リテラシーが重視される時代

1 ビッグデータ時代の情報収集
1. インターネット上で収集できる統計データとは …………10
2. ビッグデータの特徴 ………………………………12
3. 定量データの読み方の思わぬ落とし穴 ……………12
4. データの意味を探る ………………………………15

2 統計のきほんのき
1. 定量情報と定性情報 ………………………………18
2. 統計の意味合い ……………………………………19
3. 数量データを代表値で見る ………………………20
4. 数量データをヒストグラムと標準偏差で見る ……23
5. カテゴリーデータから構成比を見る ……………25

3 データを読み込み、知見を見出す
1. データの差を見つける ……………………………30
2. 関連があるデータを見つける ……………………31
3. バラツキを見つける ………………………………32

4 統計を仮説に結びつける
1. 仮説とは ……………………………………………34

- 2 仮説思考のすすめ ……………………………………………………36
- 3 仮説の出発点となるFactを探す …………………………………37
- 4 仮説の精度を高める ………………………………………………38
- 5 仮説を深める ………………………………………………………40
- 6 価値ある仮説の条件 ………………………………………………41
- 7 仮説づくりの3つのルール ………………………………………42

ケース1 ノンアルコールビール市場が伸びる理由 …………………44

第2章 価値あるデータを効率的に集める

1 価値あるデータとは

- 1 仮説に役立つ3種類の定量データ ………………………………51
- 2 仮説づくりではデモグラフィックとビヘイビアを起点にする ……53
- column 生活者の志向をデータから読む …………………………54
- 3 データの信憑性を確認する ………………………………………55

2 価値あるデータの情報源と見つけ方

- 1 2次データと1次データ …………………………………………60
- 2 2次データ収集のための情報源 …………………………………61
- 3 価値あるデータの見つけ方 ………………………………………67

ケース2 電気自動車の購入の理由 ……………………………………69

第3章 統計データの分析の仕方

1 統計データはココを見る
- 1 Findingで重要なのはデータから意味合いを見出すこと ……74
- 2 統計データの着眼点 ……75
- 3 データ分析のすすめ方 ……75

2 すぐに使える3つの分析法
- 1 過去の流れから未来を予測するトレンド分析 ……77
- 2 トレンドの変化要因を探る比較分析 ……87
- 3 因果関係から仮説を導く相関分析 ……91
- column 震災後の離婚率低下とファミリー消費の因果関係 ……96
- 4 データ分析の体系 ……97

3 仮説設定に役立つグラフ表現
- 1 グラフでデータの意味合いを見える化する ……99
- 2 トレンド分析のグラフ表現 ……100
- 3 比較分析のグラフ表現 ……106
- 4 因果関係のグラフ表現 ……109
- column 気温×ガス料金と気温×電気料金 ……111
- 5 その他のグラフ ……112
- 6 グラフの読み取りにはココに注意する ……115

ケース3 20代が保険に加入しない理由 ……119

第4章 集めたデータで仮説をつくる

1 統計データを再検証するためのワザ
- 1 集めたデータを確認する …………………………………125
- 2 Fact一覧表をつくる …………………………………126
- 3 集めたデータから意味合いを見出す …………………………………128
- column　ロジックツリーで全体状況を整理する …………………………………130

2 特異点は何かを見極める
- 1 特異点にFocusする …………………………………132

3 特異点が生じる原因を推察する
- 1 要因分析することで仮説に深みをもたせる …………………………………138
- 2 Whyツリーでロジカルに要因分析する …………………………………139
- 3 プレミアムビールが伸びている要因を深掘りする …………………………………144
- 4 顧客が置かれている状況を仮説として設定する（状況仮説）…146

4 顧客の状況から展開仮説をつくる
- 1 状況仮説における顧客のニーズを探索する …………………………………148
- 2 ニーズを満たす解決策を仮説として設定する（展開仮説） …………………………………149
- 3 ラテラルシンキングを使ってみる …………………………………149

5 リサーチ手法を使って仮説を検証する
- 1 マーケティングリサーチの目的別類型 …………………………………152
- 2 仮説検証に使えるリサーチ手法 …………………………………154
- 3 企画プロセスとマーケティングリサーチ …………………………………158

| 4 | 過剰なリサーチをリストラする …………………………………159
| 5 | 仮説に深みを与える定性情報を集める ……………………160
| 6 | コンセプトを検証するための定量調査 ……………………164

第5章 仮説から戦略を考える

1 マーケティング戦略とは …………………………………………170

2 仮説からマーケティング戦略を考える
| 1 | マーケティング目的を明確にする ……………………………173
| 2 | マーケティングの課題を抽出する ……………………………175

ケース4 ヨーグルトメーカーの商品戦略 ………………………178

ケース5 商品戦略の見直し …………………………………………183

3 戦略を実行に移すために
| 1 | 企画フォーマットを標準化する ………………………………188
| 2 | 基準をつくる ……………………………………………………192
| 3 | マネジメントサイクルを習慣化する …………………………192

第1章 統計リテラシーが重視される時代

1 ビッグデータ時代の情報収集

1 インターネット上で収集できる統計データとは

　本書ではビッグデータの中でも数的なデータ「定量データ」に着目して、その扱い方法、分析法について解説するとともに、定量データを活かしてマーケティング仮説を構築するためのプロセスについて解説していきます。

　マーケティング分野では現在、インターネットリサーチが普及したことで、それ以前とは比べものにならないくらい容易に、しかも安価でリサーチを実施することが可能になっています。その意味では、企業のマーケティングに対する取り組み方も高度化してきています。そして、ビッグデータにより、企業のマーケティング活動はさらなる発展が見込まれています。

　そこで本書では、マーケティングリサーチの手法を活かしつつ、統計データの集め方から分析の仕方、さらに分析データの読み解き方を示しながら、マーケティング仮説の立案プロセスについても解説していきます。

　現在、インターネット上では、総務省統計局や内閣府など、国が実施している統計調査はもちろん、業界団体では当該業界に関わる製品の需要動向や、生活者・顧客の意識をまとめたアンケート結果などを検索することができます。トレンドとなっているキーワードをtwitterで質問すれば親切な人が教えてくれたりもします。

　口コミサイトにアクセスすれば、競合ブランドの動向も探索することができます。以前は競合商品の購入者に対してアンケート調査を実施し

なければわからなかった競合ブランドの購入理由、使用評価が短時間で、しかも無料で収集することができます。一昔前では考えられないくらい容易にマーケティングデータを収集することが可能になりました。

　ネットリサーチ会社では自主調査を定期的に実施し、「夏休みの過ごし方」や「クリスマス」「母の日」「バレンタインデー」など特徴的な生活イベントについてのリサーチ結果などを提供しています。リサーチ会社ならではのマーケターの関心が高そうなテーマを選定して実施しています。

　これらのデータを上手に活用することで居ながらにして、確度の高い仮説を作ることができます。

図1-01　ビッグデータ時代に収集できるマーケティング情報の種類と特性

　マーケティングに活用できるデータとしては以下のようなものがあります。

政府が実施した調査データ	総務省、経産省、厚労省、内閣府など国が行う調査や統計データ。調査レポートをインターネットで閲覧・ダウンロードすることができる。集計データもエクセル形式でダウンロードできるものもある
アンケート調査結果	業界団体や、行政、大学や研究機関などが、過去に実施したアンケート調査やインタビュー調査でオープンとなっているもの。その時々の企業や担当者が都度作成しているので、調査年月や目的、調査手法に留意をする
スマートフォン位置情報データ	GPS機能をアクティブにしているユーザーの生活行動をトラッキング（追跡）することができる。いつ、どこで、どのような人が、どのくらいその場所に居たのか定量的に把握することができる
SNSなどに記述されたテキストデータ	Facebookやtwitterなどの SNSサイトには特定の行動や意識、考え方が大量に存在している
口コミサイトに記述されたテキストデータ	特定商品カテゴリーのブランドに対する使用評価が掲載されている。生活者の生の声なので商品ブランドが提供する具体的なベネフィット情報を入手できる
POSデータなど販売実績データ	スーパーマーケットやコンビニエンスストアなどの購買実績データ。顧客ID付POSデータであれば特定個人が一定期間に、どのような商品をどのくらい購入したのかを把握することができる。特定ブランドを購入した顧客が離反し、他のブランドを購入した足跡も追うことができる

2　ビッグデータの特徴

　ビッグデータは、サンプル数が大量である点が特徴です。企業で実施する調査では、サンプル数が300とか400くらいが標準的です。ビッグデータでは単位が1000、10000などのものが多くあります。サンプルが多いということは誤差が少なく信頼性が高いということにつながります。SNSや口コミサイトへの書き込みデータ、購買実績データに関してはサンプルではなく全数ですので、実態そのものが把握できます。

　さらにSNSや、口コミサイトへの書き込みデータは、「今のデータ」「期間設定が自由にできる」ことが特徴として挙げられます。「今のデータ」はリアルタイムな状況を把握できる情報が多いということです。アンケート調査を実施する場合、実施時点の情報となります。集計や分析を行うのに費やす時間を考えると最低1ヵ月はタイムラグが生じます。SNSで発せられる情報や、口コミサイトでの書き込みはリアルタイムで掲載されますので、現在時点での状況を把握することができます。

　加えて、「比較する期間を自由に設定できる」という利点もあります。SNSデータは、過去に発言したデータも検索することができます。そのため集計する時間軸を自由に設定することができます。自社商品の評判をSNSで検索しようとした場合、過去1年分の肯定的な意見の件数を過去5年間と時系列に比較することが可能になるのです。

　アンケート調査であれば実施していない調査結果は比較することができませんが、SNSデータは集計期間を自由に設定でき、その比較が自在にできます。

3　定量データの読み方の思わぬ落とし穴

　ところで、データを見る際には、気をつけなければならないことがあります。たとえば、「**平均**」です。平均値は小学校で習う最もポピュラーな統計手法で、集団の特徴を表すのに便利です。

　ただ、平均値はわかりやすさの反面、「消されている情報」もあるので誤解を生むこともある指標です。そもそも、平均は「数値が大きいも

第 1 章　統計リテラシーが重視される時代

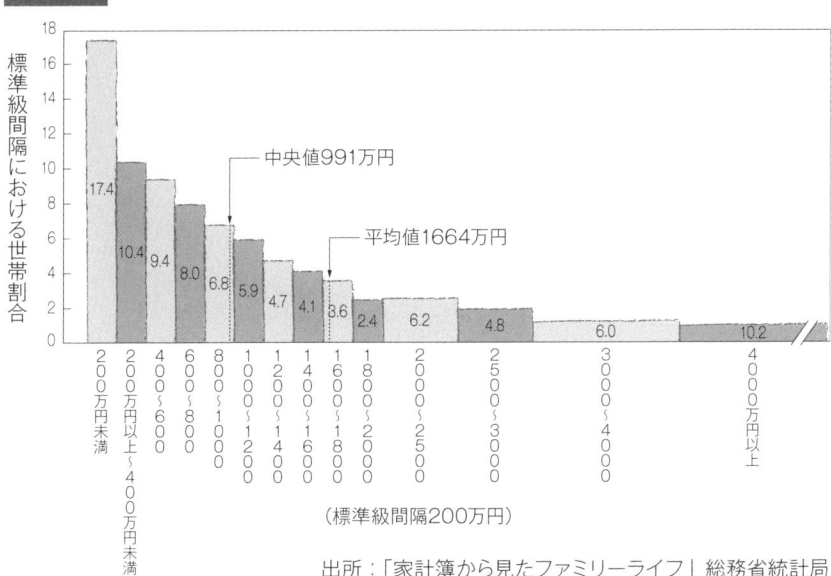

図1-02　貯蓄現在高階級別世帯分布（二人以上の世帯）（平成23年）

出所：「家計簿から見たファミリーライフ」総務省統計局

の」と「数値が小さいもの」を ならして、ちょうどバランスがとれる数値を見出す手法です。すべてのデータの数値を足しあげて、データの数で割ります。ですから極端にデータの数値が大きいものがあると、そのデータに引っ張られて平均値も上昇します。これが誤解を生む原因です。

わかりやすい例として、世帯貯蓄金額があります。総務省家計調査によると平成23年の世帯平均貯蓄額は1664万円です。

この数字、感覚的にちょっとおかしいと思いませんか？

4000万円以上貯蓄を有する人が全体の10％存在していますので、平均値を上昇させています。反対に200万円未満の人は17％存在しています。お金持ちもいれば、そうでない人もいる中で、全世帯の貯蓄金額をならしてみると1664万円となるわけです。平均値は集団の特徴（貯蓄の例であれば2人以上の世帯）をわかりやすく表現していますが、データのバラツキは消してしまっています。このことを念頭に置いてデータを見ないと正確な状況は掴めません。

図1-03 各社課税数量によるカテゴリー構成比の推移（大手5社計）

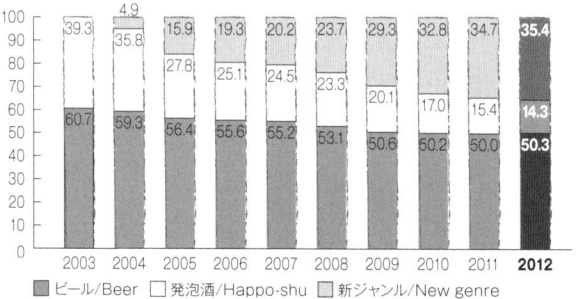

出所：キリンホールディングス株式会社 Data Book2012

　図1-03はビール系飲料のカテゴリー別（ビール・発泡酒・新ジャンル）の構成比を時系列に示しているグラフです。このグラフを見ると2012年の「ビール」の構成比が微増（2011年比0.3ポイント上昇）しているのがわかります。

　これまで減少傾向にあったビールの売上が盛り返したと読み取れますが、ビールの数量自体が増加したわけではありません。構成比を表す帯グラフは、あくまで構成比の増減は示していても、実数としての増減は

図1-04 ビール＋発泡酒＋新ジャンル　課税数量の推移（大手5社計）

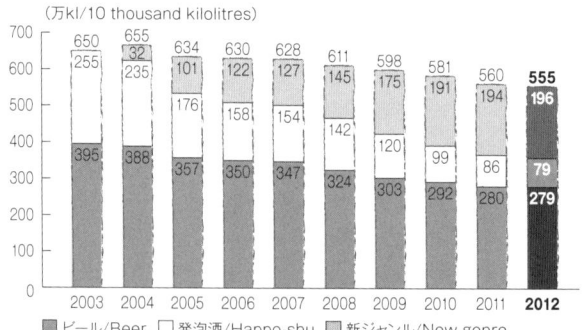

出所：キリンホールディングス株式会社 Data Book2012

消してしまっています。

　時系列の数量推移では「ビール」は2011年の280万klから279万klへと減少しています（図1-04）。「ビール系飲料」全体も構成要素としての「ビール」も減少していますが、「ビール系飲料」の減少幅のほうが「ビール」の減少幅よりも大きいために、「ビール」の構成比が増加しているということです。

　このようにグラフの読み方にも留意しないと間違った解釈をしてしまう危険性があります。

4　データの意味を探る

　本書で扱うデータは、ほとんどが他の目的のもとに収集し分析加工された2次データです。当初の目的を果たすために（結論に結び付けるために）意図的に導き出されたものです。

　ですがその意図を回避して、そのデータが意味していることを考察することによって、今まで気づいていなかった事象を見出すことができます。例をあげて、このことを説明しましょう。

　次ページの図1-05の年代別喫煙率のデータを見ると、男性の喫煙率は30代で44％と最も高いこと、60代、70代以上の高齢層の喫煙率の低いことがわかります。ところが44％が低い数値なのかどうかは、わかりません。そこで1年前のデータ「平成22年国民栄養・健康調査」と比較することで、過去から現在へ繋がる傾向が見えてきます。

　これを見ると男性の平均喫煙率は微増（平成22年32.2％→平成23年32.4％　0.2ポイント増加）していることがまずわかります。

　そして年代別に細かく比較していくと
　　　　　20代（34.2％→39.2％　5ポイント増加）
　　　　　30代（42.1％→43.9％　1.8ポイント増加）
　　　　　40代（42.4％→40.2％　2.2ポイント減少）
　　　　　50代（40.3％→37.3％　3ポイント減少）
　　　　　60代（27.4％→29.3％　1.9ポイント増加）
　　　　　70代（15.6％→16.6％　1ポイント増加）

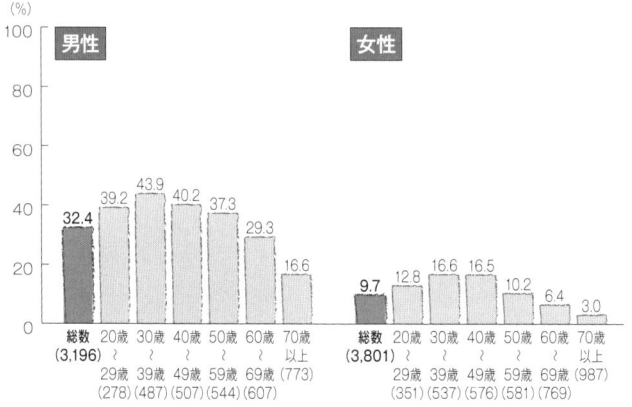

出所:厚生労働省「平成23年国民健康・栄養調査」

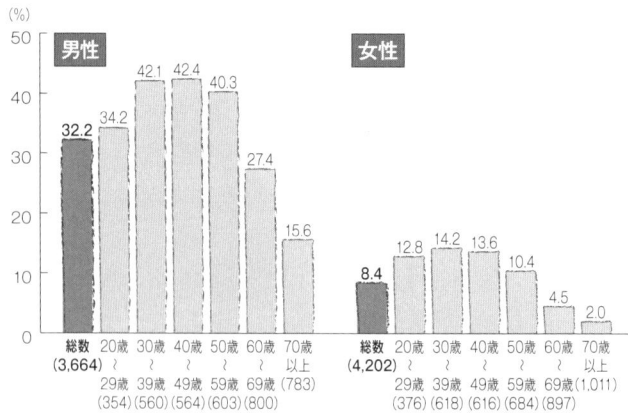

出所:厚生労働省「平成22年国民健康・栄養調査」

　20代の増加率が特徴的に高まっていることがわかります。
　平成15年から減少してきた喫煙率ですが、年次のデータを比較することで、若年層の喫煙率の上昇傾向が読み取れます。
　このように全体だけ、当年だけ見ていたらわからなかった「コト」を、

図1-07 現在習慣的に喫煙している者の割合の年次推移（平成15〜23年）

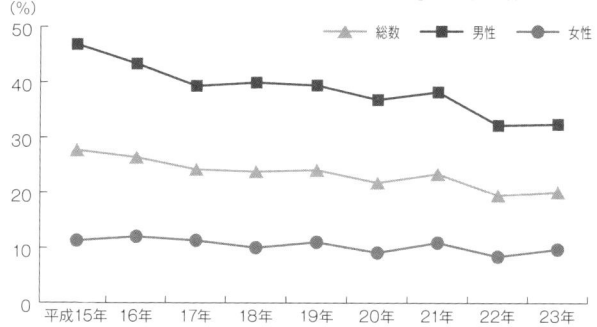

※現在習慣的に喫煙している者：これまでに、たばこを習慣的に吸っていたことがある者〔合計100本以上又は6ヶ月以上たばこを吸っている（吸っていた）者〕のうち、「この1ヶ月間に毎日又は時々たばこを吸っている」と回答した者

出所：厚生労働省「平成23年国民健康・栄養調査」

　データを細分化して比較することで「意味合い」を発見することができます。

　さらに平成22年（図1-06）と平成23年（図1-05）のグラフの縦軸の範囲を見ると平成22年が0－50％と軸をとっているのに対して、平成23年は0－100％となっているのに気づきます。平成23年は増加傾向があるので数値が低いことを意図的に表現しているのかもしれません。グラフを見る際には軸の数値範囲の取り方にも留意をする必要があります。

　データはあくまでも事象を数字や文字で記載したもので、そのままではビジネスには活用できません。たとえて言うなら調理される前の野菜や肉などの素材といえます。そのデータが示している背景や要因を探索すること、そのデータの意味合いを考察（調理）して、はじめて料理となります。つまり、データを考察するという過程こそが重要なのです。

　情報とはinformationであり、そこから意味合いを見出しintelligence（知識）とすることでビジネスやマーケティングに活用することができます。そして、意味合いを見出す手法として、仮説を設定することが有効に働きます。

　ビッグデータで多くの情報を収集することが可能となりましたが、意味合いを見出さなければ宝の持ち腐れとなってしまうのです。

2 統計のきほんのき

1 定量情報と定性情報

　データは大別すると「**定量情報**」と「**定性情報**」に分けられます。簡単に言ってしまうと、定量情報は数字で表されているもの、定性情報は文字や写真や映像などで表されているものとなります。

　たとえば、企業の売上高は定量情報に分類されます。従業員数も定量情報です。こういった定量情報は数字で表すことができるので平均したり、構成比を算出したりすることができます。そうすることによって集団の特徴を端的に表現することができます。

　一方の定性情報は、商品を購入した際の購入理由や、使用方法、保存状況などの情報で、文字で表されている情報です。口コミサイトやSNSで記載されている情報はまさに定性情報です。定性情報は、そのままでは文字データを集計したりすることはできないので、定量情報のように集団の特徴を端的にまとめることはできません。

　また、定性情報は、市場や顧客の状況を具体的立体的に把握することができるので、施策を発想する際には参考になりますが、仮説を設定する初期段階で使用する場合には注意が必要です。なぜなら、定性情報は少サンプルであることが多く、全体の状況をきちんと表現しているとは言い難いからです。たとえば、ある顧客の使用状況をベースとして仮説を立てたとしても、たまたまその顧客が特別な使い方をしていたのでは、仮設を裏づける信憑性が揺らぐことになってしまいます。

　仮説を「単なる思いつき」としないためには、事実に近いものをベースとすることが必要です。

第1章 統計リテラシーが重視される時代

2 統計の意味合い

　定量情報を使って集団の特徴を端的に表現できることが、統計の一番の効用です。

　対象とする人やモノが個体（1つ）であるならば統計は必要ありません。その個体の特徴をそのまま表現すればよいからです。たとえば自社の社長を顧客へ紹介する際には、社長の年齢や経歴、人柄などの定性情報を伝えれば十分です。

　ところが所属するマーケティング部門のメンバー20名の特徴を表現するとなると定性情報だけでは困難で、統計が役に立ちます。平均年齢が30歳で、女性比率は60％、マーケティングに携わっている年数は平均6年、営業出身者の割合は8割といった具合です。これにより、営業出身比率や女性比率が高いので丁寧な対応が期待できる……などの特徴

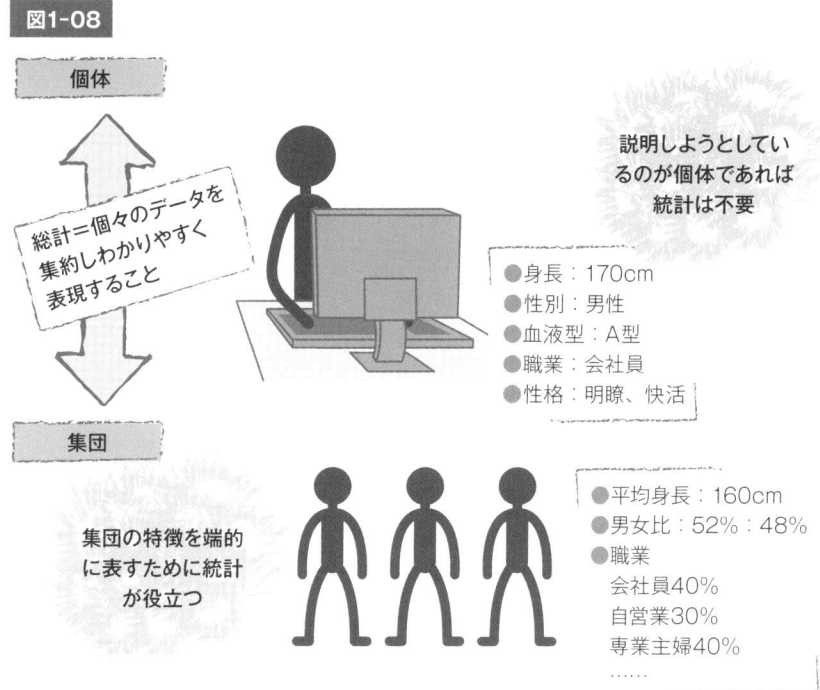

図1-08

を相手に伝えることができます。

このように統計手法は、集団の特徴を端的に表現するために使われています。

さらに定量情報には、「**数量データ**」と「**カテゴリーデータ**」の2種類があります。数量データは、年齢や身長や体重など、個体の特性を数量で表すデータで、数字そのものに意味があります。

カテゴリーデータは、性別、年代、業種など、特定の集団を細分化したサブ集団の中でどこに属するかを示しているデータです。

どちらも定量データですが統計指標の活用方法が変わってきます。

図1-09 数量データとカテゴリーデータ

	数量データ	カテゴリーデータ
BtoC企業で活用できるもの	年齢・世帯年収・消費量	性別・年代・ライフステージ
BtoB企業で活用できるもの	売上高・購入金額・顧客数	業種・扱い商品群・対象顧客

3　数量データを代表値で見る

数量データは、集団の特徴を表す「**代表値**」で表すことができます。そして代表値には、平均値、最小値、最大値、中央値、最頻値の5つがあります。

① 平均値

平均値は、すべてのデータ数を足しあげ、サンプル数で除したものです。平均値は集団の特徴を定量的に把握するのに非常に優れた指標ですが、バラツキの状態を消してしまう（隠してしまう）というデメリットがあります。そのデメリットを解消するのに以下の4つの指標があります。

② 最小値

最小値は、データの最小の値です。特定集団の持つデータの中で一番小さなデータです。範囲の始まりを表しています。

③ 最大値

　最大値は、データの最大の値です。特定集団の持つデータの中で一番大きなデータです。最小値と合わせて見ることによって、データが分布している範囲を限定することができます。

　たとえば「ビジネスセミナーに集まった顧客の年齢の最大値は31歳、最小値は23歳」という情報があれば、大体どのくらいの年齢の顧客が集まっているのかを把握することができ、たとえ話などの選定に役立てることができます。

④ 中央値

　中央値は、データを昇順（もしくは降順）に並べ、データ数のちょうど半分、中央に位置するデータを指します。人数ベースでの真ん中ということです。

⑤ 最頻値

　最頻値は、データが最も集中する値を指します。たとえばデータが、A：20、B：30、C：40、D：20、E：10　という集団の中では、最頻値は20となります。

　なお、中央値、最頻値は、平均値が消しているデータのバラツキを補足するための指標です。図1-11の世帯貯蓄額でいえば、中央値は991万円、最頻値は200万円未満となります。平均以外に中央値、最頻値の情報があれば、その集団の特徴をより具体的にイメージすることができます。

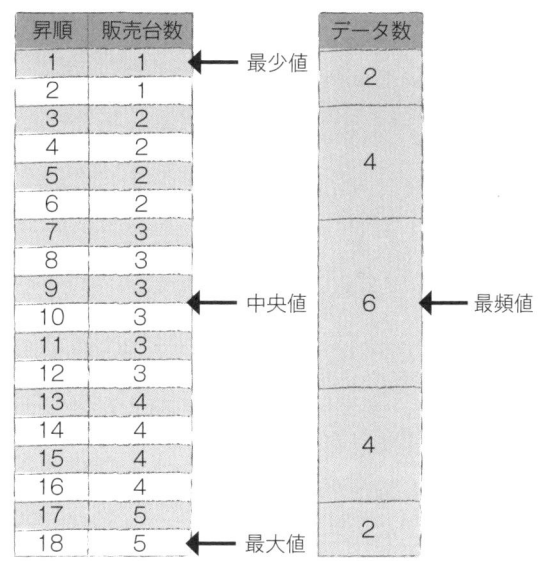

図1-10

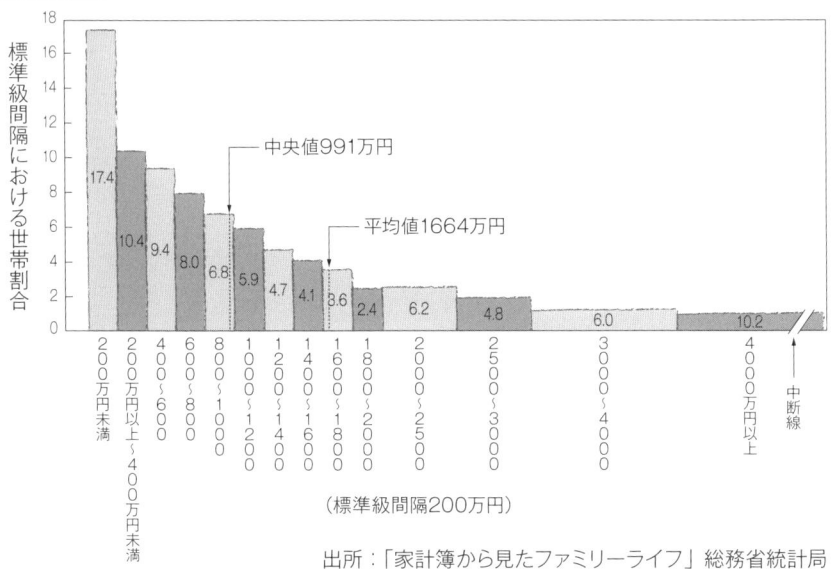

図1-11 貯蓄現在高階級別世帯分布（二人以上の世帯）（平成23年）

出所：「家計簿から見たファミリーライフ」総務省統計局

　世帯貯蓄額の平均値が中央値を上回っているということから、多くの貯蓄を持っている人がいることで平均値が高めに引っ張られているということがわかります。グラフの横軸が消えている（中断線）ことに着目してもそれがわかります。また最頻値が一番少ない範囲の「200万円未満」ですので、あまり貯金がない世帯も全体の中で多くを占めているといえます。

　このように、世帯貯蓄額を平均値、中央値、最頻値で見ると「多くの貯蓄を持っている富裕層」と「あまり貯蓄がない層」に分化している状況をイメージすることができます。

　代表値はエクセルの関数を使えば、簡単に求めることができます。集計したいデータの範囲を指定して、次ページの関数で算出されます。

図1-12 代表値のエクセル関数

	意味合い	エクセルの関数
平均値	すべてのデータ値の和をデータ数で除算	AVERAGE
中央値	データを昇順（降順）で並び替え真ん中にくる値	MEDIAN
最頻値	最も多くのデータが集まる数値	MODE
最大値	データの中で最大の値	MAX
最小値	データの中で最小の値	MIN

4 数量データをヒストグラムと標準偏差で見る

ヒストグラムは、前述の世帯貯蓄額でも出てきたグラフです。ヒストグラムは「**度数分布表**」ともいい、横軸に数量データの範囲、縦軸にその範囲に当てはまるデータの数を取った、縦の棒グラフのことです。平均値が消しているバラツキを把握するのに活用されます。

たとえば図1-13のグラフは、ある自動車ディーラーの東京支店に所属する営業担当者の販売台数を表しているものです。

横軸は販売した自動車の台数で、縦軸はその台数を販売した営業担当者の人数を表しています。1台しか販売できなかった営業担当者は2名、2台販売した営業担当者は4名、3台販売した営業担当者は6名と読みます。ヒストグラムを見れば、東京支店は平均販売台数3台を中心に販売実績が構成されていることがわかります。

自然界のデータは、このグラフのように平均値を頂点とした釣鐘状に分布しています。このような分布をしているものを「**正規分布**」といいます。

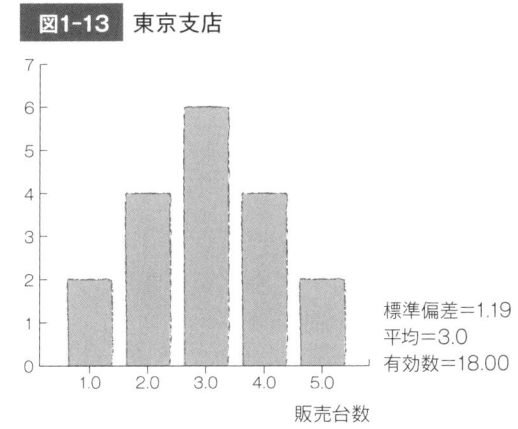

図1-13 東京支店

標準偏差＝1.19
平均＝3.0
有効数＝18.00

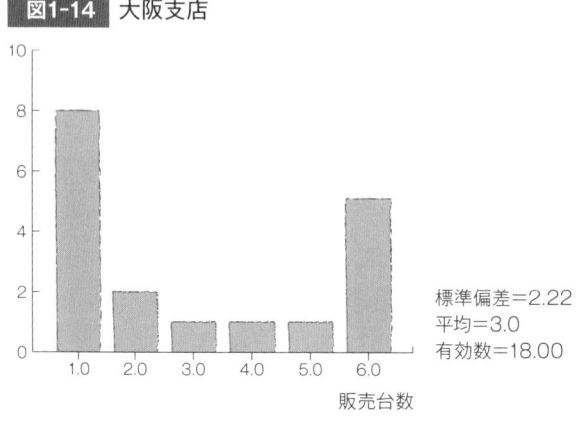

同じ会社の大阪支店では、平均台数は3台で東京支店と同数ですが、1台しか販売できなかった営業担当者が8名もいること、6台も販売している優秀な営業担当者が5名もいることがわかります。ここから、大阪支店は苦戦している営業担当者と優秀な営業担当者に二極分化している支店であると判断できます。平均販売台数しか算出していなければ、このバラツキを知ることはなかったでしょう。

　営業本部で平均台数だけで支店の営業政策を検討すると、東京支店、大阪支店ともに平均台数3台をさらに超えるようなことに重点が置かれ、たとえばインセンティブを手厚くするといった施策が立てられていたかもしれません。

　実際には大阪支店は優秀な営業担当者と苦戦している担当者をチームにすることで、営業ノウハウを共有化することができ、全体の販売台数を伸ばしていくことができると考えられます。

　さらに一歩進んで、集団の特徴を見極める際には平均値とヒストグラム両方で確認をすることが必要です。

　バラツキを把握するには、「**標準偏差**」という指標があります。これは正規分布を示すデータにおいては、平均値プラスマイナス標準偏差の範囲の中におよそ7割のデータが存在するというものです。たとえば東京支店であれば1人平均販売台数3台±1.19、即ち1.81台から4.19台の範囲にデータの7割が存在する、と読み取ります。

　大阪支店の標準偏差は2.22ですから平均の3台と比較してバラツキが大きいことがわかります。

図1-15

東京支店		大阪支店	
氏名	月間販売台数	氏名	月間販売台数
赤羽	1	藤井	1
加藤	3	正木	6
斎藤	3	古城	2
矢野	4	小泉	3
岬	2	阿木	4
佐藤	2	飯田	5
伊藤	2	江藤	6
田中	3	大泉	1
内藤	3	斉木	2
半沢	3	新見	1
松井	5	武藤	1
高橋	1	山木	1
奈良橋	2	相田	1
渡辺	4	今田	6
平井	4	荻原	1
明石	4	原田	1
木内	3	三枝	6
須藤	5	梅田	6

平均	AVERAGE	3	3
最大値	MAX	5	6
最小値	MIN	1	1
最頻値	MODE	3	1
中央値	MEDIAN	3	2
標準偏差	STDEV	1.19	2.22

　平均値とヒストグラム、合わせて標準偏差をセットで算出してデータの分布を的確に把握しましょう。
　なお、標準偏差もエクセルで求めることができます。

5　カテゴリーデータから構成比を見る

　カテゴリーデータは全体に対する比率を構成比として算出し、その集団の特性を数字で表します。たとえば既婚女性のうち、専業主婦は〇％、有職の主婦は△％というように表現されます。

① 構成比の種類

　構成比には選択肢の中で「1つを選択」するものと、「複数選択」するものの2種類があります。

　たとえば、血液型は選択肢の中から該当するモノは1つになります。「好きな料理は何がありますか？」という質問では、「カレーライス」「ハンバーグ」など選択肢の中から複数選択することが許容されます。

　なお、単一回答をシングルアンサーSA、複数回答をマルチアンサーMAとして表記することがあります。

	単一回答	複数回答
集団の特徴を表すもの	性別を1つ選択する	同居している家族を選択する（妻と娘）
	業種を1つ選択する	拠点のあるエリアを選択する（関東と東北）
気持ちや意識を表すもの	満足度を「満足」「普通」「不満足」の中から1つ選ぶ	商品Aのイメージに当てはまるものをいくつでも選択する（きれい・洗練されている）
行動を表すもの	A商品を購入したことがあるかどうか「購入したことがある」「ない」	取引している業態をすべて選択する（食品スーパー・コンビニエンスストア）

② 単一回答の集計方法

　単一回答の集計方法は、当該選択肢に当てはまる回答をした人数を全体の回答者数で割ります。

　たとえば、ある商品の満足度調査で5段階で評価を訊いた場合、全回答者を分母（100人）とし、各選択肢の回答数を分子として計算します。

選択肢	回答人数（度数）	構成比
1. 大変満足	10	10%
2. 満足	20	20%
3. どちらと言えない	40	40%
4. 不満足	20	20%
5. 大変不満足	10	10%
合計	100	100%

「大変満足」と回答した人（10人）の構成比は、10÷100で10%となります。

　この場合構成比をすべて足すと100%になります。

③ 複数回答の集計方法

複数回答の場合に計算をする際の母数は回答数の合計ではなく、回答者数で除します。たとえば、ある食品の購買時間を複数選択で訊いた場合、「朝食」と回答した人の構成比は、20人÷100人で20%となります。

複数選択の場合には構成比をすべて足しても100%にはなりません。

選択肢	回答人数（度数）	構成比
1. 朝食	20	20%
2. 昼食	40	40%
3. 夕食	80	80%
4. 夜食	60	60%
5. 小腹がすいた時	40	40%
合計	240（100人）	—

④ ボーダーラインを設けて全体の傾向を掴む

アンケートでは選択肢を設けて、「当てはまるものをいくつでも選んでください」と訊くことがあります。その際に回答結果の特徴をどのように読んだらよいでしょうか。全体の特徴として、どの選択肢までを読み込めばよいかという問題です。

団塊シニア男性の酒に対する意識を訊いたアンケート調査の結果で説明します（図1-16）。

読み取る範囲を決めていないと、「シニア層は自分が好きな酒を自分の思うままに飲んでいるが、飲むとすぐに眠くなってしまう。また自分

図1-16

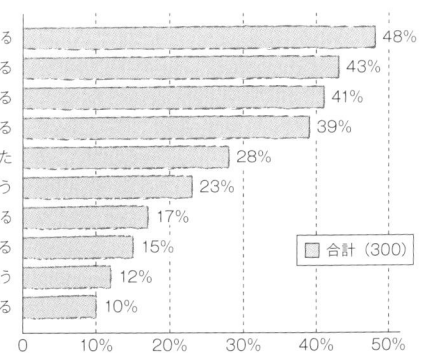

が決めている酒を少しでも安く購入するために、安く買える店を探している」とポイントが掴めないメッセージとなってしまいます。

こういった場合には、いろいろな読み取り方がありますが、全回答数に占める選択肢の累積構成比の7割までを、その設問の特徴的なボーダーラインとして読み取る方法をお奨めします。

【ボーダーライン読み取り法の手順】
① 各選択肢の回答数（度数）を降順（多いモノから順）に並び替える
② 累積度数と累積構成比を求める
③ 累積構成比が70％までの選択肢でボーダーラインを引く
④ ボーダーライン内の選択肢を読み取る

	選択肢	度数	比率(%)	累積度数	累積構成比(%)
1	飲み会では最初はビールを飲むが、その後は自分の好きな酒を飲んでいる	143	47.7	143	17.3
2	自宅で飲む酒は、量を決めて飲んでいる	130	43.3	273	33.0
3	昔のように暴飲暴食をせず節度ある飲食をしている	123	41.0	396	47.9
4	外で酒を飲む場合は料理と会話が楽しみである	117	39.0	513	62.0
5	最近は仲間と飲んでも二次会には行かなくなった	84	28.0	597	72.2
6	自宅でお酒を飲むと、すぐに眠くなってしまう	69	23.0	666	80.5
7	酒の銘柄はいつも決めているので、少しでも安く買えるお店を探している	51	17.0	717	86.7
8	健康を意識して蒸留酒のウイスキーや焼酎を飲むようしている	46	15.3	763	92.3
9	旅行の際は部屋で飲みたいので近くのコンビニでお酒とつまみを買う	35	11.7	798	96.5
10	日本酒はおいしいと思うが翌朝に残るので控えるようにしている	29	9.7	827	100.0

累積度数とは、降順で並べ替えたときの当該順位までの度数を足しあげたもの。「2. 自宅で飲む酒は…」の累積度数は「1. 飲み会では最初は…」の度数143に「2. 自宅で飲む酒は…」の度数130を足した273と

図1-17 ABC分析

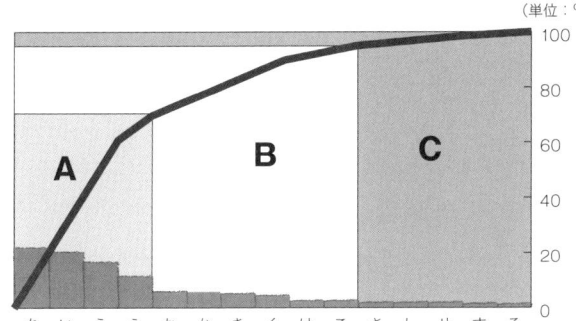

Aランク：累積構成比が70%未満
Bランク：同構成比が95%未満
Cランク：同構成比が95%以上

なります。

　累積構成比は当該順位までの累積度数の全体の度数を足しあげた数値に占める構成比。「2．自宅で飲む酒は…」の累積構成比は273÷827と計算し、33%となります。

　累積構成比70%までを読み取るのはABC分析で用いるしきい値（分割基準値）を当てはめて設定しています。ABC分析では累積構成比が7割となる商品数は全体の2割など少数であることがわかります。

　ボーダーラインを引いたグラフを読み取ると「団塊シニア男性は、自分の好きな酒を適量飲んで、飲食を楽しんでいる」となり、かなりスッキリとまとめることができます。

図1-18

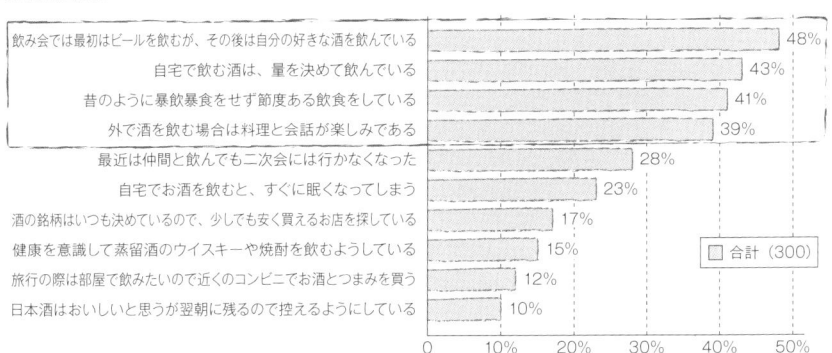

3 データを読み込み、知見を見出す

　統計の「きほんのき」を学んだうえで、次にデータを読み込んで知見を高める着眼点について説明します。
　データを読み込むポイントは、「データの差を見つける」「関連があるデータを見つける」「バラツキを見つける」の3つです。順次説明していきます。

1　データの差を見つける

　「統計は集団の特徴を明らかにすること」と前述しましたが、特徴を明らかにするためには、その集団と他の集団との差を見つけることです。
　たとえば、20代男性をターゲットとしている食品会社があったとします。ターゲットのニーズを満たす新商品を開発するには、彼らの意識や行動面、嗜好の特徴的な事象を抽出し、その特徴を表すあらゆるデータの中から他の属性と差異のある情報を見つけます。
　これを具体的な例で考えてみましょう。前述の厚生労働省の「国民健康・栄養調査」によると、20代男性の飲酒習慣のある割合が他の年代と比較して顕著に低くなっています。この結果から、20代男性は他の年代と比較して「なぜ飲酒習慣がないのか？」「飲酒の代わりにしていることは何か？」などを考察していくことで、商品開発のヒントを見出すことができます。仮に、20代男性は「酒の味や風味」が苦手という要因を考察することができれば、「20代男性は他の属性と比較して味覚が異なるのではないか？」という考えに発展し、「では20代男性が好む味や風味は？」などと展開することができます。
　定量データをただ眺めていても何も出てきません。上記のように要因

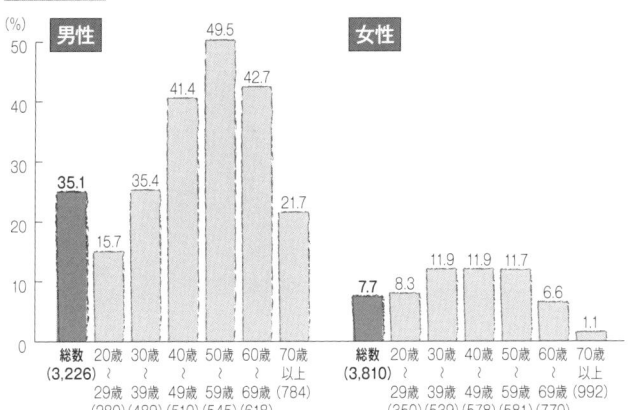

図1-19 飲酒習慣のある者の割合（性・年齢階級別）

出所：厚生労働省「平成23年国民健康・栄養調査」

分析に進展する可能性のある、「差のあるデータ」に着目することがポイントとなります。

2　関連があるデータを見つける

　2番目のポイントは、目的とする数値を達成するのに影響を及ぼしている要素を見つけ出し、関連を見つけることです。

　アイスクリーム販売会社のマーケターによれば、「気温が上がるとアイスクリームの売上が伸びる。ただ極端に上がり過ぎるとアイスクリームよりも氷菓が売れ出す」ということです。

　アイスクリームメーカーにとって着目すべきデータは、自社を含めたアイスクリーム全体の売上高と、それに影響を及ぼす要因となる気温のデータです。もし気温の予測をすることができれば、たとえば今年は例年よりも暑くなりそうだから、アイスクリームに氷の粒を入れて、氷菓感を打ち出そう！　と施策展開することができます。

　反対に今年はそれほど気温が上がらない、冷夏という予想が立てば、濃厚でクリーミーなアイスクリームを投入することで市場ニーズに応えることができます。

定量データからマーケティングに活用できる仮説を構築するには、目的とするデータ（売上高や利益金額）に影響を及ぼすデータを見つけることが有効です。

3　バラツキを見つける

最後はバラツキです。データには必ずバラツキがあります。世帯貯蓄額のグラフ（図1-11、22ページ）を見ても、4000万円以上の貯蓄がある富裕層と200万円未満の層が存在しています。平均的な人に合わせて商品を投入しても競合企業と比較して特徴的な商品を投入することはできません。富裕層のニーズ、貯蓄があまりない層のニーズに着目することで、他社と違った（競合しない）アプローチが可能となるのです。

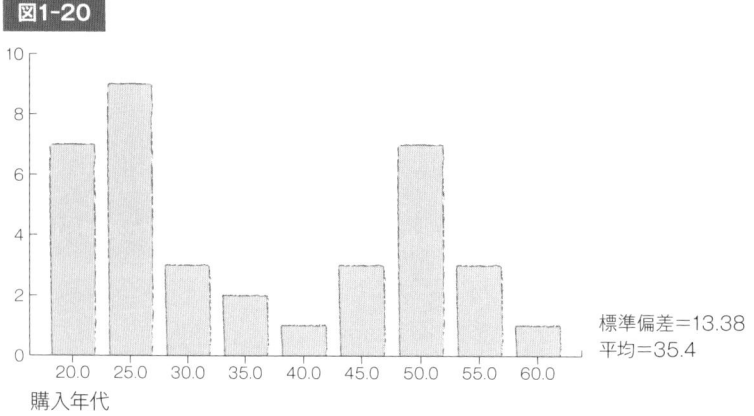

図1-20はある商品を購入したことがある人を示したヒストグラムです。この商品は女性用の生活用品ですが、20～24歳・25～29歳と50～54歳に、購買の大きなヤマがあります。なぜこのようなバラツキを示しているのでしょうか。データを見たときに、こういった疑問を自分自身に投げかけることが重要です。

トヨタ自動車の問題解決手法として有名なものに、「なぜなぜ分析」があります。「なぜ問題が起きたのか？」→「それは〇〇だから」→「そ

れでは、○○はなぜ起きたのか？」→「それは△△だから」……このように最低5回は「なぜ」を繰り返すそうです。そうすると問題の本質的な原因・要因を掴むことができるというわけです。

図1-20のヒストグラムでは、「20代の若い女性と50代中年層が購入している」を出発点として、「なぜ？」を繰り返していきます。「20代女性が使用している様子を見て50代が追随したから」→「娘と母親が親子で過ごすことが多いから」→「世代としてファッションの感覚が類似しているから」……となります。

指標を活用して集団におけるデータのバラツキを把握し、そのデータが生じた理由を考える——。こういったプロセスを経ることによって、データの背景となっている状態が見えてくるのです。

4 統計を仮説に結びつける

　第1章ではデータの基本的な見方として、統計的な考え方について学んできました。最後にマーケティングで統計を活用する目的は何かということで、マーケティング仮説について考えてみましょう。

　マーケティング担当者が統計を活用する目的は、この先どうなるかわからない将来の状況について、統計手法を活用して、仮説を立てることにあります。ビジネス全般に言えることですが、将来のことを正確にわかっている人はいません。だから、どのような将来になるのかを想定できれば、さまざまな対応策を立てることができます。

　マーケティングで用いる仮説とはどのような概念なのか、価値ある仮説を設定するポイントについて考えていきます。

1 仮説とは

　「仮説」という言葉は、日常のビジネスシーンでよく登場します。

●私のカセツでは「フォロワー層である男性中年層はこの商品に対する関心が低く、当社の最新機能と他社との違いに気づかない」と思います。	⇒	自分の意見をもっともらしく表現するときに使われる（仮説＝正当化）
●君の意見は一顧客の要望をまとめているだけで、それは「カセツ」に過ぎない	⇒	ヒトの意見を否定するときに使われる。（仮説＝思いつき）
●カセツとしては「シニア世代は時間にゆとりがあるために旅行に出掛ける頻度が高い」と考えられます。	⇒	既知の事実を新たな発見のように説明するときに使われる（仮説＝事実）

　上記のように仮説とはいろいろなシーンで使用できる便利な言葉です。自分の知識の豊富さを相手に見せたいときには、「仮説＝かっこいい」

ということを示すキーワードとなります。何か特別な、優れた考えのように相手に思わせることができます。相手を論破したいときには、「相手の考えていることは、仮説＝思いつき」とすることで相手の考えの甘さを指摘することができます。既知のことをあくまで大発見のように指すときに使用する場合（人）もあります。

本書で扱う仮説は、「マーケティングでは〇〇な状況なので△△したら上手くいくと考えられる」と定義づけします。

〇〇な状況であるということについて、データ的な裏づけがあれば、思いつきとは決して言われません。

データ分析や仮説設定は、施策の実行が目的となりますから、△△したら上手くいくということまで考えられていることがポイントです。

たとえば、生命保険について考えてみましょう。若年層の保険加入率が低迷していると言われる昨今、その要因を探索することで施策を検討していきます。そこで以下のような仮説を設定します。

> ●現時点では、若年層の保険加入率が低いことを問題とすべきと考えています。その要因として「**若年層は10年前と比較すると貯蓄金額が高く、保険の必要性が認識されていない**」ことが仮説として考えられます。
> ●従って「**保険＝将来のリスクに役立つ→結果として今加入することは有効である**」という認識を定着させることが課題と考えます。

仮説設定後に、現在の若年層の貯蓄金額が高いことを検証します。保険加入率が低迷し出した時間軸と同じ期間で貯蓄率が増加しているのであれば、保険から貯蓄へ流出した（保険にする代わりに貯蓄する）と考えることができ、仮説の精度が向上します。

さらに保険のほうが貯蓄よりも有効な商品であることを訴求することで、貯蓄から保険加入を取り戻すことが可能となります。

また、若年層に保険がどのように思われているのか、どのように位置づけているのかをマーケティングリサーチすれば、アプローチの方向性を見出すことができ、さらに施策の成功確率も上がります。

このようにマーケティング仮説は顧客や市場が置かれている状況を設定し、その状況を解決（改善）するための施策の案を考えるものと捉えてください。

2 仮説思考のすすめ

仮説思考は、消費者研究や顧客研究などの調査分析業務において有効です。

仮説がないままに、調査分析を進めても、良い結論を得ることは困難です。調査分析する前に、仮説を立て、その仮説が正しいのかを検証していくことで、効率的に結論に展開していくことが可能になります。

たとえば、ビールメーカーが「若者の飲酒率が低い要因」を調査する際に、仮説を立てずに進めると、さまざまな理由があげられ、収拾がつかなくなります。そこで、やや強引にでも仮説を立てます。「若者は余暇時間を過ごす手段が充実しており、アルコールに娯楽性を求めない」といったように仮説を立てるのです。そして娯楽手段の種類や経験率を10年前、20年前と比較していきます。その差異と若者の飲酒率に関連

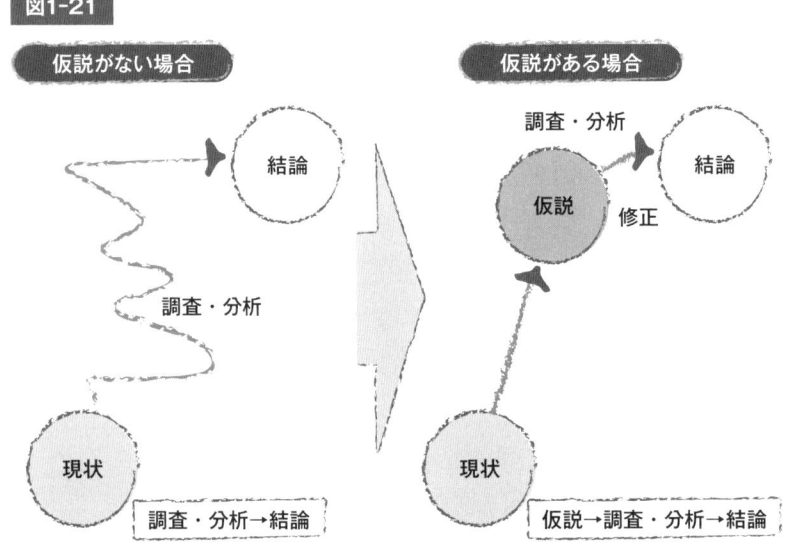

図1-21

図1-22 思いつきの精度を上げるためのフレームワーク

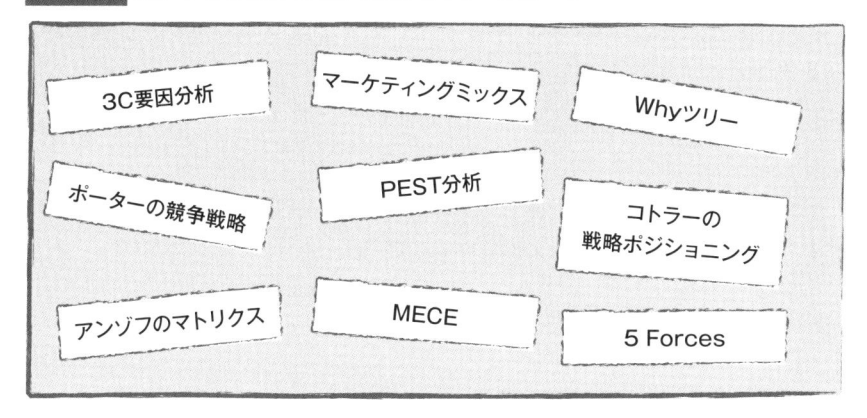

- 3C要因分析
- マーケティングミックス
- Whyツリー
- ポーターの競争戦略
- PEST分析
- コトラーの戦略ポジショニング
- アンゾフのマトリクス
- MECE
- 5 Forces

があれば、仮説が検証できたということになります。

　仮に仮説が検証できなかったとしても、調査分析において入手した情報を手掛かりに、新しい仮説を立てるだけに十分なものを入手することができます。結果として遠回りのように思えても、仮説思考は効率的に調査分析を進めることができるのです。仮説思考を実践していくと、当初の初期仮説（思いつき）の精度も上がっていきます。

　なお、仮説思考と併せて、仮説を立てる際のツールとして、フレームワークが活用できます。フレームワークは課題を整理するのに役立つばかりか、全体の構造を整理することにも有用です。

3 仮説の出発点となるFactを探す

　仮説とはまさに仮の考えであって、実際に起こるかどうかわからないメッセージです。それゆえにストーリーの最初が、「思いつき」や「独りよがりな思い」であると、その後の展開が信憑性の低い、怪しいものと捉えられてしまいます。

　そこで当該分野や周辺のデータの中から「Fact（事実）」を探索することが求められます。Factには「まず間違いのない」ハードなものから、「もしかしたらそのような事実かもしれない」ソフトなものまで存在します。ここではそれらも含めて、当該分野に関わるデータを収集してい

きます。

ただ、何も考えずに関連する情報を収集するというのは骨の折れるものです。そこで、マクロ環境の分析をする際に用いるPEST分析（81ページ参照）や5Forces（82ページ参照）などのフレームワークを活用します。

また、当該カテゴリーの販売実績もFactの中では重要な要素となります。可能であれば20年、最低でも10年間の販売実績をFactとして取り上げましょう。

図1-23 Factの種類

ハードなFact	事実ベースの数値データ。統計情報。（サンプリング方法が適切で誤差が小さい）	●人口数、世帯数、年代別、所得などのデモグラフィックな情報 ●売上高、利益などの実績、結果データ ●総務省統計局が実施する調査結果。大量サンプルデータ
ソフトなFact	少サンプルやサンプル抽出に偏りのあるアンケートデータ インタビュー情報などの定性情報	●意向データや選好を問うアンケート結果（将来のことは回答者にもわからない） ●サンプル数の少ないアンケート情報
類推（考察）	データを読み込み、結果として記述してある事項	●新聞記事やニュースなど ●これまで常識とされてきたがデータの裏づけがない事象

4　仮説の精度を高める

価値ある仮説とは、その精度が高いもののことです。精度は、立てた仮説が実際に起こる確率が高いということです。精度を高めるには、都度検証していくことが必要で、そうすることで仮説はFactとなります。Factを積み上げることで、より精度の高い仮説となるのです。

検証は、2次データからできることもありますし、過去のマーケティングリサーチのレポートの中から探索することもできます。それ以外では、アンケート調査や顧客へのインタビューなどによって仮説を検証す

図1-24

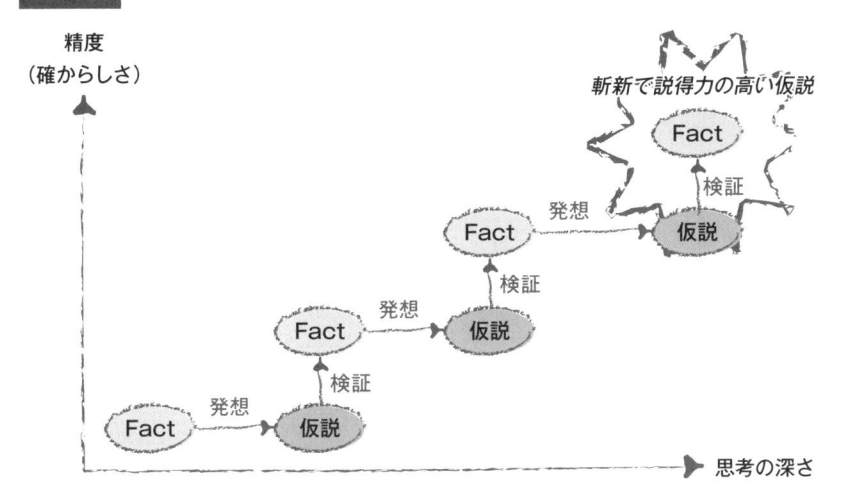

精度
（確からしさ）

（図：Fact→発想→仮説→検証 の繰り返しにより、思考の深さと精度が上がり、最終的に「斬新で説得力の高い仮説」に至ることを示す階段状の図）

思考の深さ

ることができます。正式なリサーチでなくても、懇意にしている顧客に電話で質問してみる、営業担当者に意見を求めるということでも、検証することはできます。

　最終的に仮説を設定して、施策を打つ前までに検証すべき事項、検証課題をまとめておくのも、効率的に業務を進めていくことにつながります。

　仮説を作るうえでポイントとなるのが、斬新で皆が気づいていないことをいかに見出すかです。それには視点を変えてみることです。視点を変えることで、今まで硬直的であった思考を柔軟にすることができます。よくやる手法としては、「反転する」「サイズを変換する」などがあります。

　　反転する：男性的思考→女性的思考　若者→シニア　正規雇用→非正規雇用　など

　　サイズを変換する：大人用→子供用　普通サイズ→メガサイズ　など

　いずれにしても考えた仮説は検証することで精度を上げていきますので、突拍子もない事項でも、斬新な思考を巡らして思考を広げることは有効なアプローチといえます。

5　仮説を深める

　仮説を設定する場合には、充分に考察することが必要です。あまり考えずにその状態だけを表層的に表しても、具体的なアクションには結びつきにくいものになってしまいます。

　図1-25は「売上低迷」の要因を仮説として設定した例ですが、左側の3つの仮説は、充分に練られていないので、その仮説を解決しても「売上低迷」の解決に繋がる施策を得ることはできません。「①営業力が弱い」では漠然としていて、営業力を強くするために何をしたらよいかがわからないままです。右側のように「①商品説明が不十分」だからというように具体的に問題点を明らかにするまで考察することが必要です。

　右側のように、具体的なアクションに結びつきやすい仮説を立てるには、要因を追究していく姿勢がポイントです。「Factとしての実態がなぜ起きたのか？」と考えを深めていくことです。

図1-25　売上低迷の原因を仮説として立てる

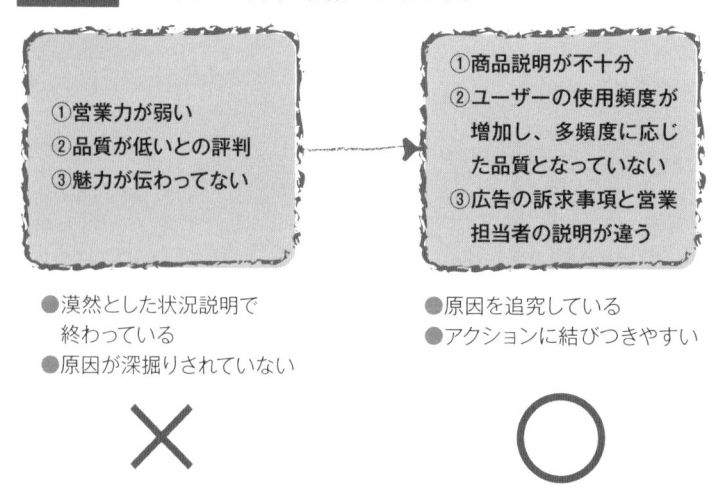

左側：
①営業力が弱い
②品質が低いとの評判
③魅力が伝わってない

- 漠然とした状況説明で終わっている
- 原因が深掘りされていない

×

右側：
①商品説明が不十分
②ユーザーの使用頻度が増加し、多頻度に応じた品質となっていない
③広告の訴求事項と営業担当者の説明が違う

- 原因を追究している
- アクションに結びつきやすい

○

6 価値ある仮説の条件

マーケティングに役立つ仮説を立てるには、以下の3つの条件をクリアしていることが必要です。

① Factをもとに設定している

事実をベースとしていないと、根底がゆらいでしまいます。したがって、Factをベースとして仮説を立てることにこだわります。Factは数字で表すことができる定量的なデータが望ましいでしょう。

② 検証されている

立てた仮説が検証されていると納得度合いが高まり、かつ成功の確率が高まります。「仮説→検証」を繰り返すことがポイントとなります。

③ 本質的な要因まで深掘りしている

要因を深掘りすることで、斬新で実行可能な仮説を見出すことができます。これは表面的な事項だけでなく、本質的で標準的な課題を見出すことにもつながります。

仮説の目的は施策実行による課題解決ですので、実行可能性が高くなくては意味がありません。そこで4つめの条件を確認してください。

図1-26

Factをもとに設定されている	●事実に基づいた仮説でないと説得力が高まらない
検証されている	●「単なる思いつき」と言われない仮説とは、データの裏づけがしっかりしている
本質的な要因まで深掘りしている	●「なぜ？ なぜ？」を繰り返し、要因を探ることで価値ある発見がある
＋	
実行可能性が高い	●どんなに精度が高く、オリジナリティがあっても実行に移せなければ意味はない

7 仮説づくりの３つのツール

　仮説を立てるプロセスには次の３つのツールが有効です。

　データから意味合いを掴む「**Finding**」。Findingした事項からその集団の特徴的なポイントを見出す「**Focus**」。Focusされた特徴的なポイント（特異点）からその要因を分析する「**Factor**」の３つのFです。

① Finding

　Findingを辞書で引くと、「発見物」「所見（医療）」「事実認定（裁判）」といった日本語訳が出てきます。これをマーケティングに当てはめてみると、定量データであるFactから何が言えるのか、解釈を加えたものと考えることができます。定量データが示す、度数（売上高や利益額など）や平均値（購入者の年齢や購買単価など）、構成比（購入頻度別人数構成比や購入の男女比）から、どのような意味があるのか考察していきます。

　FindingするときにはFactである定量データを見て、「なぜそうなっ

図1-27
①Finding：意味するところを考える
②Focus：特徴的なFact／Findingに焦点を当てる
③Factor：本質的な要因を探索する

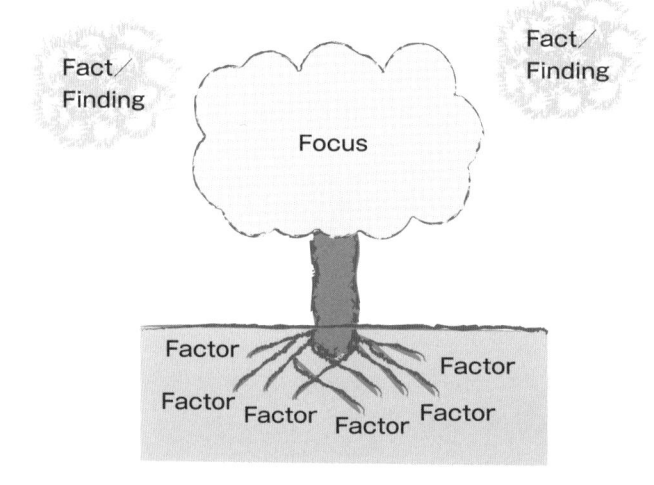

たのだろうか？」「その後どうなるのだろうか？」といった疑問を自分に投げかけます。そうすることでそのFactが意味していることを導きやすくすることができます。

② Focus

現時点の状況を端的に表わす特徴的なデータをFactデータ／Findingデータの中から見出します。ただ、データがたくさんあると焦点がぼやけてしまい、何について考えていけばいいのかわからなくなることがあります。そこで、収集した情報を一旦収束し、そこから深く考察していくといったアプローチをしていくことが価値ある仮説を設定するポイントとなります。

FocusはFactやFindingされた事項の中から、特徴的な事象に着目します。特徴的な事象はデータの異常値や、これまでの流れが急変するターニングポイントとなっている事象を選定します。Focusした事象を特異点として設定します。

③ Factor

Focusされた事項の原因を探索することで、市場で起きている状況を類推することができます。「なぜそのようになっているのか？」を追究していきます。Factorしていく際には、トヨタの品質管理で有名な「Whyツリー」を活用します。設定した特異点に対して、「なぜそれが起きたのか？」を探索することで本質的な要因を探索していくというアプローチです。

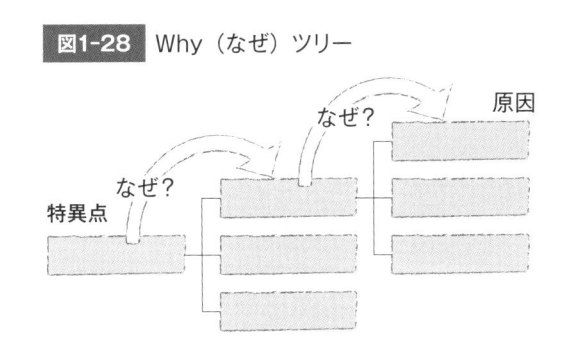

図1-28 Why（なぜ）ツリー

ケース 1　ノンアルコールビール市場が伸びる理由

　ノンアルコール飲料の市場が伸びています。サントリーの推定によると2011年は約2830万ケースと、2010年と比較して31%増加しています。

　ノンアルコール飲料はどんな理由で飲まれているのでしょうか？
　単に車の運転があるときにビールやチューハイの代替品ということで好まれているだけではないような気がします。

　では、実際にノンアルコール飲料を飲んでいる人はどのような年代かを探ってみましょう。市場調査会社のカスタマー・コミュニケーションズのレポートによると、お酒を飲んでいる属性とほぼ同じ比率を示しており、ビール系飲料でいうと30代、40代、50代、60代とほぼ万遍なく飲まれています。またアルコール・ノンアル

図1-29　ノンアルコール飲料市場の推移（2008～2012年）

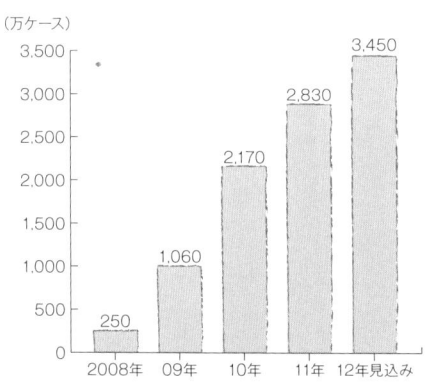

（万ケース）

年	万ケース
2008年	250
09年	1,060
10年	2,170
11年	2,830
12年見込み	3,450

出所：サントリー　ノンアルコール飲料レポート2012

図1-30　購入者の年代別構成比

	20代	30代	40代	50代	60代	70代以上
ビール	5.8	16.9	21.4	19.9	20.3	15.7
ビール風味（ノンアル）	3.8	17.2	22.3	22.3	20.8	13.7
チューハイカクテル	8.9	21.1	26.6	20.0	14.3	9.2
チューハイカクテル風味（ノンアル）	7.3	23.1	27.7	21.9	13.2	6.9

(単位：％)

出所：カスタマー・コミュニケーションズのレポート（2011年）

図1-31　アルコール飲料とノンアルコール飲料の併売状況変化

	購入者数			1人当たり購入個数					
				アルコール飲料			ノンアルコール飲料		
	10年	11年	10年比	10年	11年	10年比	10年	11年	10年比
アルコール・ノンアルコール併買者	147,144	187,815	127.6%	45.6	41.7	91.3%	6.3	6.6	105.2%
アルコールのみ購入者	929,257	862,745	92.8%	20.6	20.4	99.1%	―	―	―
ノンアルコールのみ購入者	18,063	26,437	146.4%	―	―	―	3.83	4.02	105.0%

出所：カスタマー・コミュニケーションズのレポート（2011年）

コール併買者も増加しているというデータもあります。

　ノンアルコールビールの飲用シーンを見ると、1位が「夕食中」で54％、2位が「お風呂上り」で35％、3位は「くつろいでいるとき」で24％と続きます。また、飲用理由を見ると1位が「アルコール0.00％だから」が53％、2位が「ビールの味が楽しめるから」が36％、3位が「お酒の気分が楽しめるから」が34％ということです。（「食品と科学」2011年5月号より）

図1-32

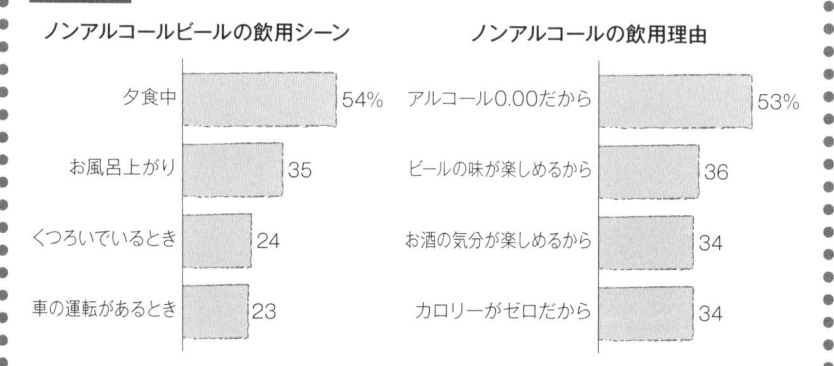

ノンアルコールビールの飲用シーン

- 夕食中　54%
- お風呂上がり　35
- くつろいでいるとき　24
- 車の運転があるとき　23

ノンアルコールの飲用理由

- アルコール0.00だから　53%
- ビールの味が楽しめるから　36
- お酒の気分が楽しめるから　34
- カロリーがゼロだから　34

図1-33

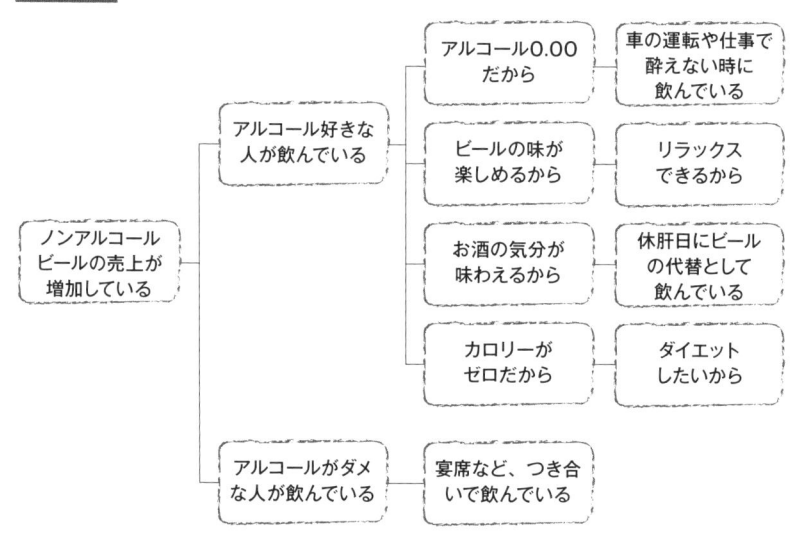

ノンアルコールビールの売上が増加している

- アルコール好きな人が飲んでいる
  - アルコール0.00だから → 車の運転や仕事で酔えない時に飲んでいる
  - ビールの味が楽しめるから → リラックスできるから
  - お酒の気分が味わえるから → 休肝日にビールの代替として飲んでいる
  - カロリーがゼロだから → ダイエットしたいから
- アルコールがダメな人が飲んでいる
  - 宴席など、つき合いで飲んでいる

- ビール好きな人を対象として健康面に配慮したアルコール代替品として好まれている
- 他の清涼飲料水にはない新たなカテゴリーとしてリラックスできる飲料として定着している

　ここから仮説として、「お酒をもともと飲める人が（お酒を飲んでもいいのだが）リラックスしたいけれど、あまり酔いたくないというシーンでノンアルコール飲料を飲んでいる」という状況が浮かび上がります。

ここから、宴席だけでなく日常生活でリラックスしたいときの飲料として、お酒好きな人の日常生活にマッチしたことが市場拡大の大きな要因であると考えられます。

　問題は20代です。ビールを飲まない若者が増えているなかで、アルコールフリーのノンアルコール飲料も受け付けていないということです。このことから、やはりお酒をもともと飲まない人には、それほど積極的には受容されていないカテゴリーであると類推できます。

　よって、ノンアルコール市場の拡大にも、お酒をあまり飲まない20代の需要を取り込むことが必要で、「リラックス＝酒。→でも酔いたくない」という図式以外のベネフィット訴求が求められるということになります。

第2章

価値あるデータを効率的に集める

1 価値あるデータとは

　マーケティングに活用できるという意味で、価値あるデータには、3つの条件があります。

① 適切な人が回答したものであるか
② 適切な時期に収集されたものであるか
③ 適切な質問から得られたデータであるか

　①は結論を導き出したい集団を反映したサンプルの構成となっているかどうかということです。20代女性の購買行動を把握するのに、20代の主婦だけに質問したのでは充分とはいえません。20代前半女性の未婚率は約9割、20代後半の未婚率は約6割ですから、20代女性全体の購買行動を把握することはできません。
　またあまりにも少ないサンプルであると、回答した人がたまたま、そうであったという懸念があります。平均値や構成比を算出し分析に用いるのには一定数以上のサンプルが必要となります。
　②は実施時期があまりにも古くては使いものになりません。調査時期によって回答の傾向が異なるからです。たとえば2008年リーマンショックの前と後では、消費意欲は異なりますし、東日本大震災の後には節電意識が強まりました。現状を把握するには可能なかぎり最新のデータを収集すべきです。
　③は訊き方によって回答が大きく異なる場合があるということです。設問の文章によっては回答を誘導できるからです。
　たとえば、以下のような設問は回答結果に大きなバイアスを与え、回

答を自社の都合のよい方向へ誘導しています。

「皆様の生活をより豊かなものにするために、良いモノをより安くご提供しているAスーパーのイメージとして当てはまるものを選んでください…」

こうした設問にしてしまうと「良いモノを安く提供している」という回答を実際よりも増加させてしまいます。

図2-01 価値あるデータの見分け方

対象者	代表性	サンプル属性の構成比が母集団の縮図となっていること
	サンプル数	一定のサンプル数（目安としては300サンプル以上）であること
調査時期（鮮度）		最新であること（可能であれば1年以内に実施したもの）
適切な設問であるか		故意に回答を誘導していない設問であること

上記をチェックポイントにして2次データを活用しましょう。

1 仮説に役立つ3種類の定量データ

定量データは、大きく3つに分類できます。「**デモグラフィックデータ**（属性を表す）」「**サイコグラフィックデータ**（意識を表す）」「**ビヘイビアデータ**（実績・実態を表す）」の3つです。

① デモグラフィックデータ（demographics）

デモグラフィックとは、性別や年齢、居住地など人口統計学的な属性のことです。

- 年齢（生年月日）・性別などの個人を特定するデータ
- 勤務先や出身学校などの経歴を表すデータ
- 居住地や勤務地など場所を表すデータ
- 独身世帯やファミリー世帯などのライフステージを表すデータ
- 年収・所得などのデータ（捉え方によってはビヘイビアにも取れ

る）

［BtoBの場合］
- 売上高や利益、従業員数などの企業規模を表すデータ
- 事業をしているエリアや本社所在地などの場所を表すデータ
- 創業年数や業歴などの企業の歴史を表すデータ

② サイコグラフィックデータ（psychographics）

サイコグラフィックとは、趣味やライフスタイルなど心理学的な属性のことです。

- 認知（助成想起・純粋想起）など記憶している事項や状態を表すデータ
- 好き・嫌いなどの感情や気持ちを表すデータ
- 買いたい、使ってみたいなどの意向を表すデータ
- 特定の事象に関する意見や主義主張を表すデータ
- 商品やブランドに対するイメージや印象を表すデータ

> ＊助成想起：商品ブランド名などの把握したい対象の「名称」をいくつか提示して、知っているかどうかを問うこと。「次の中から知っているものをすべてお答えください」と質問する。
> ＊純粋想起：何も提示せずに把握したい対象の「名称」を具体的に挙げてもらうこと。「○○といったらどんな商品名を思い起こしますか。商品名を記入してください」と質問する。

③ ビヘイビアデータ（behavior）

ビヘイビアとは、購買や使用など人の行動や態度を表わす属性のことです。

- 購買や使用などの実績を示す行動データ
- 訪問や実施など経験したこと（行ったことがある。やったことがある）を表すデータ

［BtoBの場合］
- 取引実績など企業活動の結果を表すデータ
- 訪問件数や企画書作成数などの行動結果データ
- 広告投資や販促、研究開発などの投資実績を表すデータ

ヒトの「意識」と「行動」は別モノです。意識は「こうなったら良いという希望的側面も含まれる」もので、状況や時間の経過によって絶えず変化します。意識を表すサイコグラフィックデータは、マーケティング企画の仕上げや最終検証では活用できますが、マーケティングプロセスの初期の段階、とくに仮説を立てるときには注意が必要です。

　一方で、人口統計学的な属性を示すデモグラフィックデータや、実績・実態などの行動結果を示すビヘイビアデータは変わることのない、確実性の高いデータといえます。性別や年齢、居住地などのデモグラフィックデータは、回答者が故意に偽る場合を除いて不変のものです。

２　仮説づくりではデモグラフィックとビヘイビアを起点にする

　第１章で説明したように、仮説設定のポイントは「Factをもとに設定されている」ことにあります。単なる思いつきとならないためにも、仮説設定のスタート地点は、ハードなFactからはじめることが求められます（38ページの図1-23参照）。

　単なる思いつきとならないためには、以下の手順で情報を紡ぎ合わせていきます。

① デモグラフィックデータを押さえる……需要全体を細分化した「部分」がどのような構成となっているのか
② ビヘイビアデータ（実績・実態）によって状態を収集する……それぞれの「部分」の需要量を収集する
③ サイコグラフィックデータ（意識）によって仮説を強化していく……「部分」である需要量を補足する意識を収集する

　たとえば、ビールメーカーがシニア市場に対して新たな商品を企画する場合には、

① まずシニア層の人口推移を確認し、シニアの中でも男女別や年代別の分布を確認します。60歳以上を「シニア」とすると、団塊世代が突出して人口構成比が高いことを確認
② 団塊世代の飲酒率や１人あたりの飲酒量、飲酒頻度などのデータを収集し、飲酒頻度別の構成比を把握

③ お酒に関する考え方、飲酒量が多い（少ない）理由などのサイコグラフィックデータを収集し、団塊世代の「飲酒にまつわる状況」を仮説として設定

となります。

column ▶ 生活者の志向をデータから読む

　アンケート結果は仮説づくりには有効な材料ですが、購入意向や魅力度などの意向データには注意が必要です。

　図2-02は矢野経済研究所が実施した調査ですが、この1年で欲しいと思った商品と実際に購入した商品の間には大きな差異があるものが存在します。

> 注）調査方法：インターネットによるアンケート調査、調査時期：2010年12月、集計対象：全国の19歳、20歳代〜60歳代の男女1,003名（男性：501名・女性：502名、19歳代：166名・20歳代：168名・30歳代：168名・40歳代：167名・50歳代：167名・60歳代：167名）、複数回答
> 出所）㈱矢野経済研究所「ICT製品・サービスの認知度、欲求度、実際の購入率に関する調査」
> 　　　YANO ICT「Yz Survey-マーケットサーベイ-」
> 　　　http://www.yanoict.com/yzsurvey/2011/1.html

　液晶テレビやノートパソコンなどは「欲しいと思った商品」の比率も「実際に購入した商品」の比率も高い数値を示しています。ところがスマートフォンは「欲しいと思った商品」の比率が高いにもかかわらず「実際に購入した商品」の比率が極端に低く出ています。

　このように、「意向データ」については読み取り方に注意が必要です。液晶テレビは地デジ移行の関係、ノートパソコンは処理スピードやセキュリティ低下など、止むに止まれぬ要因が背景にあったと考えられます。また買い替え期であることも類推されます。

　一方でスマートフォンは、喫緊に必要性がない趣味性、嗜好性の高いカテゴリーであったために購入まで至らなかった人が多かったのではないかと思われます。

　重要なのは意向データを見たときに、「その背景にどのようなニーズや欲求があるのか？」と考察をすることです。当然アンケートで「購入したい」と回

図2-02

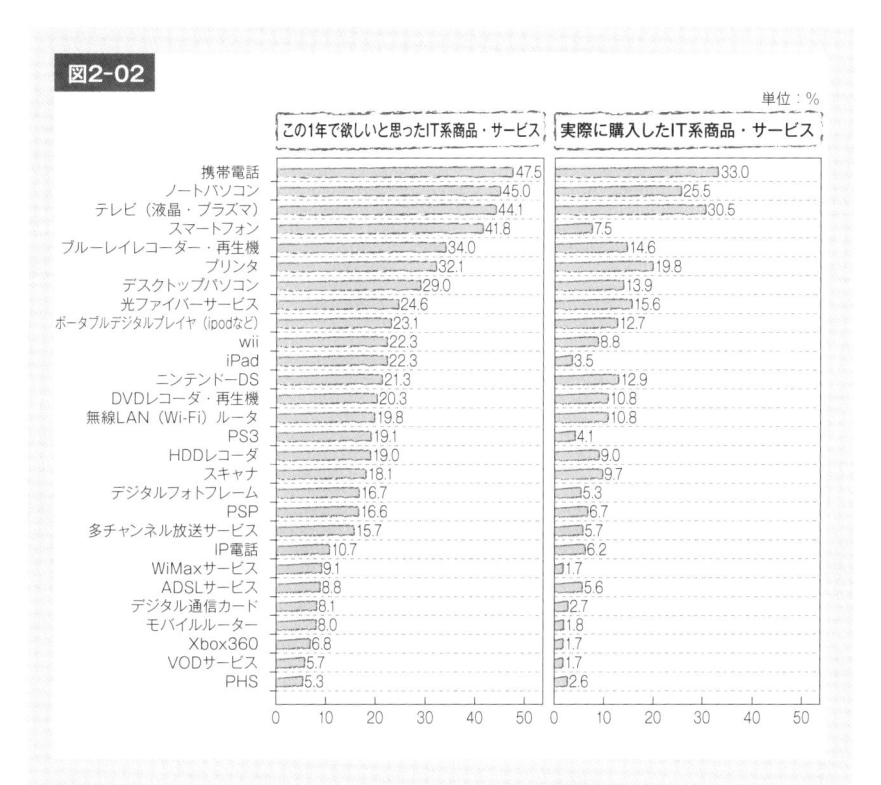

単位：％

この1年で欲しいと思ったIT系商品・サービス／実際に購入したIT系商品・サービス

項目	欲しい	購入
携帯電話	47.5	33.0
ノートパソコン	45.0	25.5
テレビ（液晶・プラズマ）	44.1	30.5
スマートフォン	41.8	7.5
ブルーレイレコーダー・再生機	34.0	14.6
プリンタ	32.1	19.8
デスクトップパソコン	29.0	13.9
光ファイバーサービス	24.6	15.6
ポータブルデジタルプレイヤ（ipodなど）	23.1	12.7
wii	22.3	8.8
iPad	22.3	3.5
ニンテンドーDS	21.3	12.9
DVDレコーダ・再生機	20.3	10.8
無線LAN（Wi-Fi）ルータ	19.8	10.8
PS3	19.1	4.1
HDDレコーダ	19.0	9.0
スキャナ	18.1	9.7
デジタルフォトフレーム	16.7	5.3
PSP	16.6	6.7
多チャンネル放送サービス	15.7	5.7
IP電話	10.7	6.2
WiMaxサービス	9.1	1.7
ADSLサービス	8.8	5.6
デジタル通信カード	8.1	2.7
モバイルルーター	8.0	1.8
Xbox360	6.8	1.7
VODサービス	5.7	1.7
PHS	5.3	2.6

答しても、実際に購入しなくてはならない、という義務があるわけではなく、本人すら忘れてしまっていることも考えられます。

このように意向データは、「アンケートを回答した時点の気持ちであって、実際に起こったことではない」と認識することが必要です。

3　データの信憑性を確認する

ビヘイビア、サイコグラフィックのデータは、基本的にサンプル調査によって明らかにするため、実態と合致しているのかどうか、信憑性（確からしさ）を確認しなくてはなりません。サンプル調査とは、すべての対象者から回答を求めることが困難な場合、その対象集団の相似形となる少数の標本（サンプル）を対象とすることで、全体の状況を推定するというアプローチです。

たとえば、A小学校に通う児童の携帯電話所有率を調査する場合には、

A小学校に通う児童全員にアンケート調査を実施すれば明らかになります。A小学校で全員の回答を集めるのは、それほど大変なことではありません。

ところが全国の携帯電話所有率を調べるとなると、難易度が一気に高まります。こうした場合、全数をアンケートの対象とするのではなく、全国の小学校の児童全員の縮図となるサンプルを選んで、アンケート調査を実施し、その数値を使って全体（全国の小学校児童）の状況を推定するという手法を用います。そして、サンプリングによる推定を行うにはいくつかの条件があります。

① サンプル数を適正にする

サンプル数が少ないと、そのデータの確からしさは低減します。

たとえば、20代女性が昼食後に歯磨きをしている比率を求めたい場合に、20名の女性に実施したアンケート結果と、500名の女性に実施したのでは、後者に説得力が高いことは感覚的に理解いただけると思います。前者の20名の女性が、「たまたま歯磨きに対する意識が低い人であったかもしれない」と考えることができるからです。統計的には、このたまたま起こる比率を**「サンプル誤差」**としています。

サンプル誤差はサンプル数が増加すればするほど小さくなります。統計の計算式によって求めることができますが、ここでは早見表を紹介します（図2-03）。

図2-04の表頭（薄い網掛け部分の行）はアンケート調査のサンプル数です。たとえば、300サンプルの調査であれば、その列の数値を読み込みます。アンケート調査の結果、当該商品の購入経験率が20％とすると、20％の行と300サンプルの列の交差するセルに着目します。このセルに記載されている数値がサンプル誤差です。この場合は4.6％となっているので、アンケートで得られた購入経験率20％は±4.6％の誤差を含んでいると考えます。そこから、当該商品の購入経験率は、15.4％（20％－4.6％）から24.6％（20％＋4.6％）の間に存在すると読み取ります。

表側（左の2列）は合計すると100％となっています。それぞれの比

第2章　価値あるデータを効率的に集める

図2-03 サンプリング誤差早見表

信頼度95%

%（P）	標本数	100	200	300	400	500	1,000	2,000	3,000
1%	99%	2.0	1.4	1.1	1.0	0.9	0.6	0.4	0.4
5%	95%	4.4	3.1	2.5	2.2	1.9	1.4	1.0	0.8
7%	93%	5.1	3.6	2.9	2.6	2.3	1.6	1.1	0.9
10%	90%	6.0	4.2	3.5	3.0	2.7	1.9	1.3	1.1
15%	85%	7.1	5.0	4.1	3.6	3.2	2.3	1.6	1.3
20%	80%	8.0	5.7	4.6	4.0	3.6	2.5	1.8	1.5
25%	75%	8.7	6.1	5.0	4.3	3.9	2.7	1.9	1.6
30%	70%	9.2	6.5	5.3	4.6	4.1	2.9	2.0	1.7
35%	65%	9.5	6.7	5.5	4.8	4.3	3.0	2.1	1.7
40%	60%	9.8	6.9	5.7	4.9	4.4	3.1	2.2	1.8
45%	55%	9.9	7.0	5.7	5.0	4.4	3.1	2.2	1.8
50%	50%	10.0	7.1	5.8	5.0	4.5	3.2	2.2	1.8

図2-04

%（P）	標本数	100	200	300	400	500	1,000	2,000	3,000
1%	99%	2.0	1.4	1.1	1.0	0.9	0.6	0.4	0.4
5%	95%	4.4	3.1	2.5	2.2	1.9	1.4	1.0	0.8
7%	93%	5.1	3.6	2.9	2.6	2.3	1.6	1.1	0.9
10%	90%	6.0	4.2	3.5	3.0	2.7	1.9	1.3	1.1
15%	85%	7.1	5.0	4.1	3.6	3.2	2.3	1.6	1.3
20%	80%	8.0	5.7	4.6	4.0	3.6	2.5	1.8	1.5
25%	75%	8.7	6.1	5.0	4.3	3.9	2.7	1.9	1.6
30%	70%	9.2	6.5	5.3	4.6	4.1	2.9	2.0	1.7
35%	65%	9.5	6.7	5.5	4.8	4.3	3.0	2.1	1.7
40%	60%	9.8	6.9	5.7	4.9	4.4	3.1	2.2	1.8
45%	55%	9.9	7.0	5.7	5.0	4.4	3.1	2.2	1.8
50%	50%	10.0	7.1	5.8	5.0	4.5	3.2	2.2	1.8

率は「そうでない」比率と裏返しても誤差は同じと考えるためです。

② 母集団を的確に捉えたサンプルを抽出する

　調査対象の全数である母集団の規定の仕方によって調査結果は大きく変わります。そのため、母集団を的確に捉えたサンプルであるかどうかを確認することが重要となります。前述の20代女性が昼食後に歯磨き

をしている比率を求めたい場合に、20代女性全体を把握したいのか、20代の働いている女性の比率を求めたいのかによって、母集団の定義が変わってきます。

　前者であるならば、20代女性全体の有職率を求め、その比率でサンプルを集めなくてはいけません。たとえば、20代女性の有職率が70%とすると、1000人のアンケートを行う際のサンプルも700人の有職女性と300人の無職女性をサンプリング（サンプル抽出すること）します。

　20代女性全体の歯磨き習慣について言及したいのであれば、主婦だけをサンプリングしたのでは実態を正確に表した回答者の構成となっているとはいえません。

　アンケート結果を読み込むときには、アンケート回答者の属性を確認することが必要です。データを読み込む前に、必ず対象としている母集団の定義を確認してください。

③　サンプル抽出方法

　サンプルを選ぶ（抽出する）とき、特定の属性を持ったサンプルに偏りがないようにするなど「選び方」にも注意が必要です。実務では、無作為（ランダム）にサンプルを抽出することで、偏りを少なくすることが可能となります。なお、無作為とは「テキトーに」ということではなく、乱数を発生させるなど統計的に無作為となるようにすることです。

　偏りがない（少ない）サンプル（**確率標本**といいます）を抽出するために条件は2つあります。

---

①選ばれる前に、母集団のどの1人も同じ確率で選ばれる抽出方法であること
②選ばれる前に、母集団のどの1人も最終結果に対し、同じ影響を与えることが担保されている抽出方法であること

---

　①は特定のサンプルが当たりやすい（当たりにくい）ということがないように、「同じ確率で抽出されるようにする」と解釈してください。

乱数によって、どの個人も選ばれる確率は同率となります。

②は全体の状態と選ばれた状態が相似形のごとく、同じ状態であるかどうか、ということです。たとえば、コンビニエンスストアの利用率を調べる際に、自宅からコンビニエンスストアまでの所要時間によって利用率は異なります。所要時間別に母集団の構成比を求め、その構成比どおりにサンプルが抽出されるように設計しているかどうかということです。

このように統計的手法に則ったサンプル抽出手法であることが必要です。

調査レポートの前のほうのページには必ず「調査概要」や「調査設計」というページがあります。そこには標本抽出方法という項目があります。そこに記載されている手法が確率標本であるかどうかを確認してください。代表的な確率標本の手法として、層化多段抽出法や確率比例多段抽出法などがあります。

④　回収率

サンプル誤差と同じく、サンプル抽出した回答候補者のうち、何名が調査に協力してくれたのか比率を確認することは非常に重要です。回収率が低いと、回答者が、協力意識の高い方や、時間的に余裕のある方、謝礼目当ての方などに偏ったサンプルであることが懸念されます。これも調査概要や調査設計という項目で明記されていますので、必ず確認してください。

回収率は60％を基準として確認をしてください。何パーセント以上ないといけないという基準は統計的にはありませんが、経験則上、回答結果がぶれはじめるのが60％未満からといえます。

2 価値あるデータの情報源と見つけ方

1　2次データと1次データ

　調査データには、これから行う調査のために新たに収集したデータ（1次データ）と、既に何らかの目的により収集されたデータ（2次データ）があります。

　2次データをその所在で分けると、「社内にあるデータ」と「社外にあるデータ」になります。

　さらに「社内にあるデータ」は「過去に集計分析したデータ」と、「分析されていない生のデータ」とがあります。

図2-05 統計データの分類

1次データ			特定の課題を解決するために新たに調査などを実施して収集したデータ
2次データ	社外にあるデータ		自社以外の組織や個人が、ある目的のもと実施したデータ
	社内にあるデータ	過去に分析したデータ	過去に実施したマーケティングリサーチのレポートなど
			営業担当者の商談記録などをまとめた文字データ
		生のデータ	売上高や生産数量などの数値データ
			営業担当者や他部署の社員などの意見

　仮説を身近にある情報から立てるということは、これら2次データを活用するということになります。2次データは、まさに自社の周辺で起きた状況を表しているもので、自社向けに加工されたものではないので、

客観的に自社ビジネスの状況を把握するのに適しています。

1次データはビジネスを展開するうえでの課題を設定し、課題を解決するための施策を検討するために調査するものです。

すなわち1次データは既に認識されている事項について検証するために活用されるものといえます。これまで述べてきている「仮説」はその前段階のものです。

手順を整理すると

① 2次データを収集、加工分析する
② 仮説を立案する
③ 仮説から課題を設定する
④ 課題解決のための施策を立案する
⑤ 施策の精度を向上させるために1次データを取得する（調査によって新たなデータを生成する）
⑥ 施策を修正してブラッシュアップする

もちろんすべてがこのような手順で行われるのではなく、場合によっては①と②の間で、仮説を立てるのに検証しなくてはならない重要な事項が抽出された場合には「調査」を実施することがあります。

また、④の段階で2次データに立ち返り、仮説を増強させることもあります。その状況や時間的制約によって前後することがあると留意してください。

ただ、最初の出発点は2次データの収集から始めるということです。

2　2次データ収集のための情報源

検索キーワードに「統計」や「アンケート調査」などを、追加ワードとして検索すると、欲しい情報にアクセスすることができます。データを取得するのに有料なものもありますので、そうしたものはサマリーを確認して入手するようにしましょう。

① 政府が実施している調査・統計データを有効活用する

政府が実施している統計データの特徴として次の3点があります。

　●サンプル数が多く信頼できるデータが多い

●調査方法やサンプリングも統計的な見地から適切な調査が多い
●設問が固定されていて長期間の時系列推移から知見が得られる

図2-06 主な情報源

無料	政府が実施している調査データ	●統計専門のサイトを持つ総務省、厚生労働省、内閣府などで国民生活の動向を調査している ●総務省統計局は統計専門の組織で国の統計の中枢機関として、国勢調査を始め国勢の基本に関する統計の企画・作成・提供、国の統計全体の企画及び横断的な調整を行っている。国勢調査、事業所・企業統計調査、人口推計、労働力調査、家計調査、消費者物価指数などが網羅されている
	国立国会図書館	●国内で発行されたすべての出版物は、国立国会図書館に納入される ●雑誌などのバックナンバーや、専門的なレポートを入手するのにも役立つ
	民間企業の研究機関(組織)	●業界トップ企業は商品カテゴリー全体の統計情報を公開していることが多い ●キリンホールディングスであれば酒類に関して毎年レポートを公開している。ベネッセは子供に関する調査研究を行うベネッセ教育総合研究所で小学生から高校、大学に至るまで子供と親の意識の変化について継続的に調査している ●広告代理店も有効な統計情報を公開している。電通は毎年「日本の広告費」を発表。博報堂「生活定点」調査は生活者の意識面行動面の時系列の変化を調べることができる
	業界団体	●業界団体や関連する研究機関がある場合は、業界全般や加盟会社の詳細なデータブックや調査レポートを閲覧することができる
有料	MDB(マーケティングデータバンク)	●日本能率協会総合研究所が運営。公開情報の収集から業界調査や、マーケティングリサーチまで幅広く情報をカバーしている
	日経テレコン	●日経4紙のほか主要新聞の記事が検索できる。日本経済新聞社系列の雑誌や週刊東洋経済、週刊ダイヤモンドなどのビジネス雑誌の記事も閲覧範囲 ●月1万円程度の利用料金と検索毎に課金される
一部有料	ネットリサーチ会社	●ネットリサーチ会社の販促目的であることが多いが、社会情勢やトレンド情報について独自調査を実施しており、タイムリーな情報を入手できることが多い

【総務省統計局】

総務省では統計局を持ち、生活者や企業活動におけるデモグラフィックデータやビヘイビアデータ、サイコグラフィックデータに至るまで、網羅的に情報を収集しています。

図2-07 総務省統計局で収集できるデータ

人口・世帯	国勢調査	国内の人口や世帯の実態を明らかにするため、5年ごとに行われている
	人口推計	国勢調査による人口を基準として、その後の人口の動向を他の人口関連資料から得て、都道府県別人口を算出している（毎月算出）
	住民基本台帳人口移動報告	住民基本台帳に基づき、月々の国内の都道府県、大都市間の転入・転出の状況を明らかにしている（毎月集計）
住宅・土地	住宅・土地統計調査	我が国の住宅、世帯の居住状況、保有する土地等の実態を把握し、その現状と推移を明らかにしている（5年ごと）
家計	家計調査	世帯単位の家計の収入・支出、貯蓄・負債などを毎月調査
	家計消費状況調査	世帯単位の購入頻度が少ない高額商品・サービスの消費やIT関連消費の実態を毎月調査
	全国消費実態調査	世帯単位の家計の収入・支出及び貯蓄・負債、耐久消費財、住宅・宅地などの家計資産を5年ごとに総合的に調査
	全国単身世帯収支実態調査	単身世帯の家計の収支及び貯蓄・負債、耐久消費財、住宅・宅地などの家計資産を総合的に調査
物価	小売物価統計調査	食品や生活必需品など消費生活において重要な商品の小売価格やサービスの料金を全国規模で毎月調査
	消費者物価指数	全国の世帯が購入する家計に係る財及びサービスの価格等を総合した物価の変動を時系列的に測定するもの（毎月作成）
労働	労働力調査	15歳以上人口について、就業時間・産業・職業等の就業状況、失業・求職の状況などにより、就業者数、完全失業者数、完全失業率などを提供する調査（四半期ごと）
	就業構造基本調査	就業及び不就業の実態を提供（5年ごと）

文化・科学技術	社会生活基本調査	日々の生活における「時間のすごし方」と1年間の「余暇活動」の状況など、国民生活を調査（5年ごと）
	科学技術研究調査	企業、非営利団体・公的機関及び大学等について、研究費、研究関係従業者など、毎年の研究活動の実態を調査（毎年）
企業活動・経済	経済センサス	事業所及び企業の経済活動の状態を調査。事業所・企業の基本的構造と経済活動の状況を明らかにしている
	個人企業経済調査	個人事業所において、事業主による業況判断や営業収支、事業主の年齢、後継者の有無、事業経営上の問題点などを調査（毎年）
	サービス産業動向調査	全国のサービス産業（第3次産業）の事業・活動を行っている事務所・店舗・施設等サービス産業全体の生産と雇用の動向を把握（毎月）
地域	社会・人口統計体系	人口・世帯、自然環境、経済基盤、行政基盤、教育、労働、居住、健康、医療、福祉・社会保障など地域別統計データを収集・加工、整備（毎年）
	日本統計地図	国勢調査や事業所・企業統計調査の都道府県別、市区町村別結果をはじめ、町丁・字等の小地域別人口、人口集中地区などを地図表示（5年ごと）
	地域メッシュ統計	国土を緯度・経度により方形の小地域区画に細分し、統計調査の結果を対応させて編集（5年ごと）

【内閣府の行う定点調査】

　内閣府でも政府広報の広聴活動の一環として、国民意識の動向や政府重要施策に関する国民の意識を把握するための世論調査を実施しています。また、公募選定した国政モニター制度も運営しています

　世論調査は「国民生活に関する世論調査」と「社会意識に関する世論調査」「外交に関する世論調査」を時系列で収集しています。とくに「国民生活に関する世論調査」は、生活者の衣食住、生活全般に関する行動と意識について全国の男女各3000人のサンプルを統計的に抽出して行う調査です。マーケティングのベースとして仮説設定に役立つハードなFactとして活用できます。

　内閣府のホームページで調査結果を入手することができ、昭和29年

から毎年実施されているので、時系列比較をすることも可能です。

【厚生労働省の行う定点調査】
　厚生労働省では人口・世帯、保健衛生、社会福祉など13の分野において生活者の統計調査を実施しています。なかでもマーケティングに活用できるものとして、「国民生活基礎調査」「国民健康・栄養調査」があります。
　「国民生活基礎調査」は保健、医療、福祉、年金、所得等国民生活の基礎的事項を調査しており、生活者のデモグラフィック情報が収集できます。年齢階級別の世帯数の推移や、世帯構成人員としての65歳以上の高齢者がいる世帯の割合、所得に関する情報などが得られます。
　「国民健康・栄養調査」は、生活者の身体の状況、栄養摂取量及び生活習慣の状況についてアンケート形式で情報を収集しています。健康に関するビヘイビア情報、たとえば性年代別に喫煙や飲酒習慣などについて時系列で入手することができます。栄養素等の摂取状況も性年代別に集計しており、食品メーカーなどは行動・結果データとして活用範囲が広いでしょう。

② 企業が主体的に収集した統計データを活用する
• ベネッセによる意識調査
　ベネッセでは、小学生から高校生まで、生活時間や生活行動、学習などについて調査分析をしています。性別学年別にも比較分析しているので、差異を見出すのに役立ちます。また、時系列のデータも収集できるのでトレンド分析として大きな意識の変化を掴むこともできます。
　2008年からは大学生に関する調査分析も行い、幅広く子供の状況に対応しています。子供だけでなく、保護者の意識や行動についても時系列で推移を見ることができます。
• 博報堂の生活定点
　博報堂生活総合研究所が実施している「生活定点」は、1992年から隔年で実施している調査です。同一条件の調査地域、調査対象者に対し

て定点観測しています。調査データをダウンロードして、性年代別に自由に収集することができるので、世代別の意識や行動の特徴を掴むのに活用範囲が広い情報です。

　生活分野の意識や行動（衣、食、住、健康、遊び、学び、働き、家族、恋愛・結婚、交際、贈答、消費、情報、メディア）、社会全般への意識（日本の行方、地球環境、国際化など）といった、生活者に関わる領域を網羅しています。

　時系列に全体の傾向の変化を感じ取るとともに、性年代別に精緻化して、比較分析していくことができます。

③　国会図書館を有効活用する

　国内で出版されているほとんどすべての書籍や雑誌のほか、統計データや専門家のレポートなどソフトなFactも手に入ります。政府の外郭団体や第三セクターが実施する白書なども閲覧、複写できます。マーケティングに関連する白書や統計資料などは、「科学技術・経済情報室」で、書架から自由に閲覧することができます。

　こうした資料を閲覧していると思わぬ発見をすることができるので、「全く何も思いつかない」といった場合は、雑誌や資料を閲覧しましょう。こういったものから刺激を受け、思考が広がります。

　技術動向に関する資料も充実しています。将来、技術がどのように進展していくのか、予測をしている資料等もあります。こういった資料の中にはマーケティング関連の情報も含まれているので、書架を眺め手に取って確認することで、有効なデータに出会うことができます。

　また国会図書館が収集したインターネット上の刊行物も閲覧できます。国や地方公共団体、独立行政法人、大学などがWebサイトに掲載した白書、年鑑、報告書、広報誌、雑誌論文などを収録しています。

　雑誌も記事単位で検索することができるので、調査対象となる市場やターゲットに関連するキーワードを入力することで、有識者や専門家の論述やコメントが手に入ります。雑誌記事のコメントは、ソフトなFactの収集に役立ちます。こういった情報は既にその分野を研究して

いる人が、当該市場情報の体系を整理したうえで記事執筆していることが多く、仮説づくりの参考になります。

また、著者がデータを収集、データをもとに論述している場合があり、記載されている出典をたどっていくことも可能です。

3 価値あるデータの見つけ方

データを収集する際のポイントは、「大きいものから小さいものへ」という流れで収集することにあります。

仮説構築のためのデータを収集しようとすると、いきなり核心的な事

図2-08. 65歳以上の者のいる世帯数及び構成割合（世帯構造別）と全世帯に占める65歳以上の者がいる世帯の割合

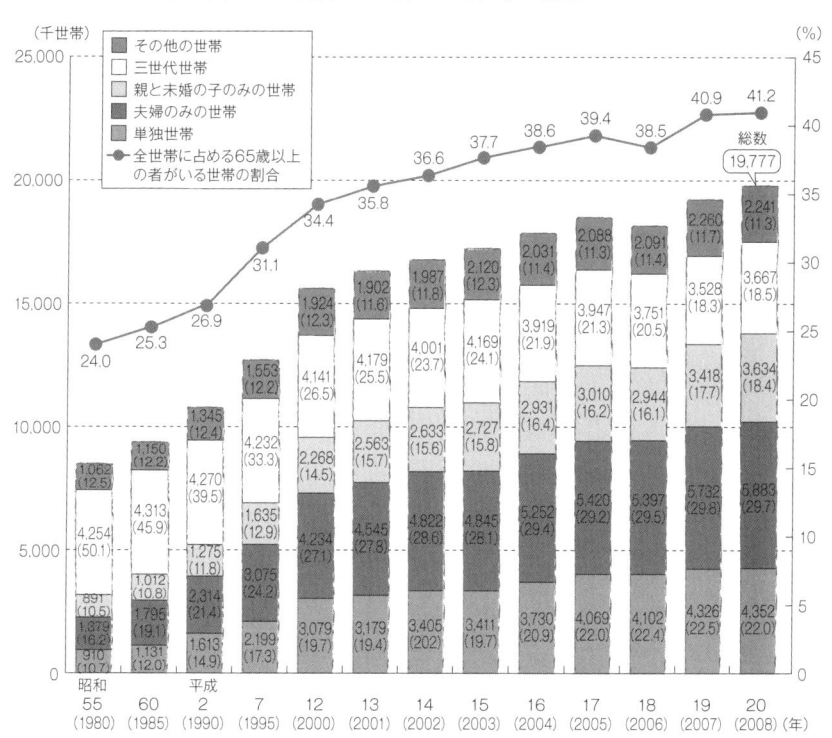

資料：昭和60年以前は厚生省「厚生行政基礎調査」、昭和61年以降は厚生労働省「国民生活基礎調査」
（注1）平成7年の数値は、兵庫県を除いたものである。
（注2）（ ）内の数字は、65歳以上の者のいる世帯総数に占める割合（％）

項や細部について記述している情報を、集めてしまいがちです。細かなものから探索していくと際限なく切り口が見出され、情報の渦に迷い込んでしまいます。よって、最初から細かなデータを収集しないことがポイントです。

たとえば、「シニア世代向けに、新しい商品（食品）を開発しよう」というテーマで仮説を立てるための情報を収集したとします。陥りやすいのが、「最近シニアは何を食べているのか？」「どのような嗜好の変化があるのか？」という細部から情報収集してしまうことです。

まずはシニア世代が、「どのような人たちであるのか？」「どのくらいの人口になるのか？」「これから増加していくのか？」などのシニア世代全体の状況を掴みます。そこで、対象市場の大きな輪郭をつかんでいきます。「年齢別男女別の人口数」「世帯数」、さらには「世帯構成人数別のデータ」を見出していきます。すると「夫婦のみ世帯」「単独世帯」が意外と多く、年々増加しているというデータを見つけることができます。「夫婦のみ世帯」は高齢者がいる世帯の中の30％を占めており、大きなセグメントであることがわかります。

次に、細分化されたデータとして、「世帯人員別の1人1ヵ月あたりの食費」というデータや「地域別の食費データ」、シニアを細かく細分化した「年代別の食費データ」などを探索していきます。すると、「夫婦のみ世帯」の食費が他層と比較して極端に多いという事実を発見します。この時点でかなり絞り込まれた情報探索ということになりますが、気にせず情報収集を進めていきます。

最後に食品購入に影響を及ぼす要因となるデータを探索していきます。ここでは「外食回数」や「調理頻度」「摂取している栄養素」などが該当します。

このように、大きなものから小さなものへと粛々と情報収集を進めていくことによって、価値あるデータを探索することが可能になります。

ケース 2 電気自動車の購入の理由

　電気自動車(EV)の購入意向を問うアンケートが、2011年に日本自動車工業会により実施されました(図2-09)。ところが2012年の購入実態(図2-10)は、アンケートから導かれる比率とはかけ離れていました。これはどういうことでしょうか。EV購入のボトルネックを考えてみると、アンケートの購入検討の意味が見えてきま

図2-09 EVの購入意向【四輪自動車保有世帯】

		n	購入を検討したい	やや購入を検討したい	どちらともいえない	あまり購入を検討したいと思わない	購入を検討したいと思わない	購入を検討したい計	購入を検討したくない計
		2865	3	8	39	23	28	11	50
	全体	2865	3	8	39	23	28	11	50
地域	首都圏	757	5	6	39	22	28	11	50
	地方(首都圏以外)	2108	3	8	38	23	28	11	51
	首都圏*中心部(23区)	68	4	9	38	22	27	13	49
	近郊(40km圏)	428	5	7	39	23	26	12	49
	周辺(40km圏外)	261	5	5	40	19	32	9	51
	地方圏*大都市	378	2	8	33	26	31	10	57
	中都市	596	3	8	38	23	28	11	51
	小都市	201	4	9	40	21	26	13	47
	周辺部	654	2	9	40	22	27	12	48
	郡部	279	2	8	40	24	26	10	50
	主要5都市	219	3	9	38	21	29	12	50
年収5分位	第1分位	329	2	4	33	18	44	5	62
	第2分位	519	2	6	37	20	35	8	55
	第3分位	561	3	9	41	20	27	12	47
	第4分位	608	3	8	42	29	18	11	47
	第5分位	611	6	11	38	25	20	17	46

す。

　2011年度乗用車市場動向調査によると、電気自動車の購入意向は11％です。アンケートの設問の「購入を検討したい」で見ても3％でした。まだまだ普及の初期段階といえます。この時点で購入する人たちはまさにイノベータの方々といえそうです。

　ちなみにアンケートは2011年9月に層化多段無作為抽出法によりサンプリングされた10,468人を対象として実施され、3,848人が回答しています（回収率37.5％）。

　では、2012年どの程度の人々がEVを購入したでしょうか。

図2-10 国内乗用車の購入台数の推移

	乗用車計	軽自動車	乗用車計	電気自動車	電気自動車のシェア
2010年	2,927,602	1,284,665	4,212,267	2,359	0.06％
2011年	2,386,036	1,138,753	3,524,789	13,449	0.38％
2012年	3,014,651	1,557,682	4,572,333	15,897	0.35％
2013年1月	206,545	125,521	332,066	1,275	0.38％
2013年2月	261,619	151,270	412,889	2,149	0.52％
2013年3月	369,703	200,988	570,691	1,378	0.24％
2013年4月	187,619	120,937	308,556	836	0.27％
2013年計	1,025,486	598,716	1,624,202	5,638	0.35％

日本自動車販売協会連合会、全国軽自動車協会連合会のHP、統計情報を集計して算出

　日本自動車販売協会連合会、全国自動車協会連合会のHP、統計情報を集計して算出したところ、2012年の乗用車購入台数に占めるEV購入台数の構成比は0.35％と算出されました。厳密にはアンケートは人数ベース、販売実績は台数ベースなので、正確な比較とは言えませんが、それにしても3％と0.35％では大きな開きがあると言わざるを得ません。

　アンケートで「購入を検討」とあるので、検討した結果、選ばれた比率が10分の1に減少したと解釈するにしても、違いがあり過ぎ

るという印象は否めません。

　なぜこのようにアンケートでの購入検討者が実際の購入まで至らなかったのか考えてみましょう。2011年乗用車市場動向調査にヒントがありました。

　購入検討者だけのクロス集計がないのは残念ですが、EV購入の障壁として、「車両価格が高い（71％）」「外出先での充電可能場所が少ない（65％）」「残量がゼロになったときの対応が心配（60％）」「走行可能距離が短い（58％）」などが多い意見でした（図2-11）。

　まずは価格を見てみましょう。日産リーフのHPには、国の補助金などにより価格のお得感が訴求されています。政策にも合致して国を挙げて普及を促進している背景が見えます。

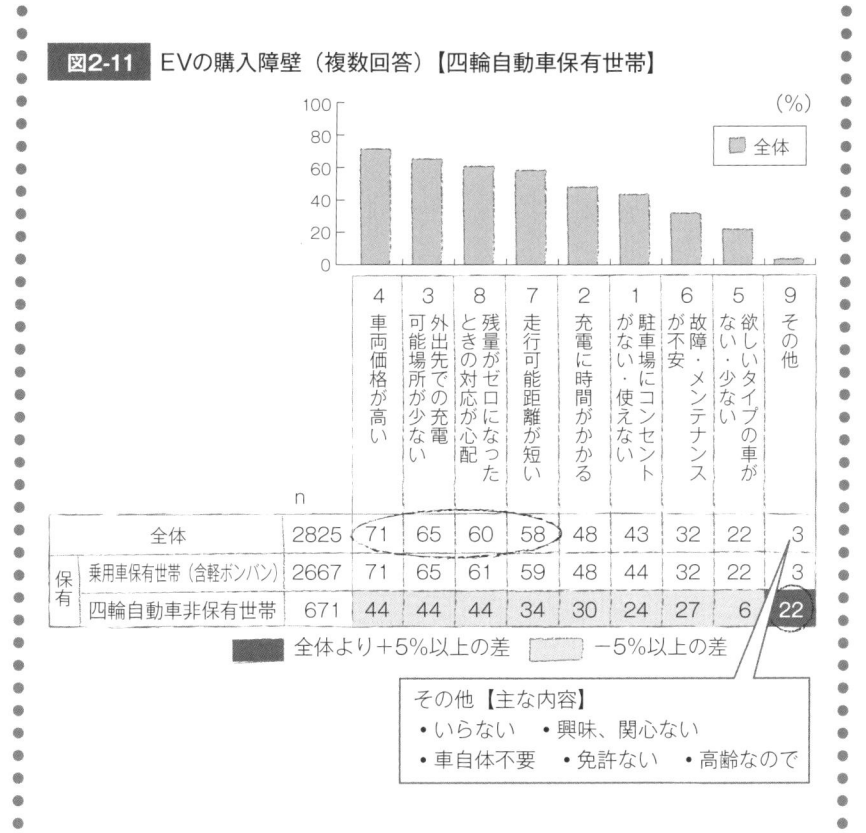

図2-11 EVの購入障壁（複数回答）【四輪自動車保有世帯】

		n	4 車両価格が高い	3 外出先での充電可能場所が少ない	8 残量がゼロになったときの対応が心配	7 走行可能距離が短い	2 充電に時間がかかる	1 駐車場にコンセントがない・使えない	6 故障・メンテナンスが不安	5 欲しいタイプの車がない・少ない	9 その他
	全体	2825	71	65	60	58	48	43	32	22	3
保有	乗用車保有世帯（含軽ボンバン）	2667	71	65	61	59	48	44	32	22	3
	四輪自動車非保有世帯	671	44	44	44	34	30	24	27	6	22

■ 全体より＋5％以上の差　　□ －5％以上の差

その他【主な内容】
・いらない　・興味、関心ない
・車自体不要　・免許ない　・高齢なので

図2-12 充電設備の設置数

```
         普通充電器
         急速充電器

5,000                    4,321
4,000  3,101
                         3,473
3,000
       2,542
2,000

1,000
        559               848
   0
       2011.2           2012.3
```

充電設備の設置状況

● 日本全国の充電設備の設置数は、2012年3月段階で4,321ヵ所と推定される。急速充電器の設置数は848ヵ所（非公開を除くと731ヵ所）であり、2020年の政府目標（5,000基）の2割弱の水準となっている。

出所：一般社団法人次世代自動車振興センター、三井情報株式会社「平成23年度電気自動車の普及に関する調査」

　次に、充電関連についてはどうなっているでしょうか。2012年3月段階で4,321ヵ所となっています。全国での数値ですから単純に都道府県ごとに100ヵ所程度という計算になります。

　これはガソリンスタンドと比較すると、その少なさが顕著になります。ガソリンスタンドは2013年3月現在、全国で3万7,743ヵ所（経済産業省「揮発油販売業者数及び給油所数の推移」〈登録ベース〉より）です。よって、その差は約10倍です。

　アンケートデータは不確かな要素が大きいということと、その回答の背景まで考察すると、図2-09の3％が怪しい数字ということが理解していただけたのではないでしょうか。そして、肯定意見として「購入を検討したい」と「やや購入を検討したい」を足して11％とすることに無理があることがわかります。

　このようなデータを読む際には、実際にどれくらい普及しているのか（2010年のEV構成比は0.06％）をまず把握し、そのうえで、ボトルネックとなっている事項（充電設備）と、実際のボトルネック解消手段（充電設備設置数はガソリンスタンドの10％）を合わせて考察していくことが求められます。

第3章
統計データの分析の仕方

1 統計データはココを見る

1　Findingで重要なのはデータから意味合いを見出すこと

　一般的に「分析」というと、深く物事を考え、思考を深めていくことで物事の本質や隠された意味を明らかにするということができます。

　たとえば、ヒット商品を分析するということは、誰が何のために購入したのか、ヒットしたきっかけや背景としてどのようなことが考えられるのか、などその要因を深く考えていくことになります。

　よって、統計データを「ただ見るだけ」では得られるものは多くありません。データが「大きい」とか「小さい」とか「伸びている」「減っている」というのは、データをそのまま見ているだけに過ぎません。

図3-01　インターネットの利用者数及び人口普及率の推移

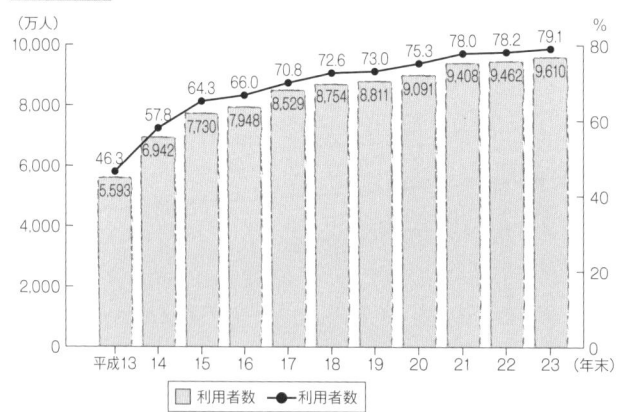

年末	平成13	14	15	16	17	18	19	20	21	22	23
利用者数（万人）	5,593	6,942	7,730	7,948	8,529	8,754	8,811	9,091	9,408	9,462	9,610
普及率（％）	46.3	57.8	64.3	66.0	70.8	72.6	73.0	75.3	78.0	78.2	79.1

出所：総務省「平成23年通信利用動向調査」

そこで、Factを掴んで「データから何が言えるか」というFindingへ思考をレベルアップさせることが必要です。

たとえば、長期間の販売額や生産額を示しているトレンドデータから、今後データが増加傾向に進むのか、それとも減少傾向になるのかを予測することがFindingとなります。

インターネットを例にこのことを考えてみましょう。日本におけるインターネットの世帯普及率は平成23年末に79%であると発表されていますが、平成24年末はどの程度普及していくでしょうか。

感覚的に言えば、図3-01のグラフのカーブから急上昇することは考えづらく、80%に届くか届かないか、1～2%の増加といったところでしょうか。ただ何となく増加しそうだ、ではマーケターとしては説得力に欠けますので、数字で語るようにします。

2　統計データの着眼点

データ分析の意義は、全体の結果をもたらした要因を、分類して比較する、全体に影響を及ぼす他の要素を探索することにあります。そのために、定量データは、①変化度合を見る、②差を見出す、③影響を及ぼしている要素を見つける、以上の3点に着眼するようにします。

①**変化度合を見る**：長期間の推移を見て、どの程度変化しているのかを把握。そのうえで特筆すべき変化に着目する

②**差を見出す**：分類した要素の差を見つけ、要因を探索していく

③**影響を及ぼしている要素を見つける**：変化を及ぼしている隠れた要因を探索する

3　データ分析のすすめ方

定量データ分析のポイントは、事実をいくつかの要素に分解し、その中から共通性や差異を見出すことで、意味合い（＝メッセージ）を抽出することにあります。

ただ事実を眺めていても、なかなか良いFindingは出てきません。全体を構成する「部分」に着目し、要素間の差異を抽出して比較分析する

図3-02

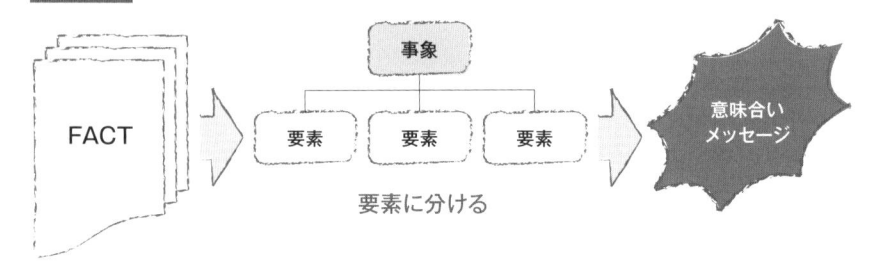

FACT → 事象 / 要素 要素 要素(要素に分ける) → 意味合いメッセージ

ことで、今まで気づかなかった意味合いを見出すことに注力します。

　仮説設定のプロセスに繋がるデータ分析の流れをイメージすると以下のようになります。

　① 全体をいくつかの要素に分割する
　② 分割した要素を比較する
　③ 特異点を設定し、その要因を考察する
　④ 対象となるターゲットや市場の状況を、仮説として見出す

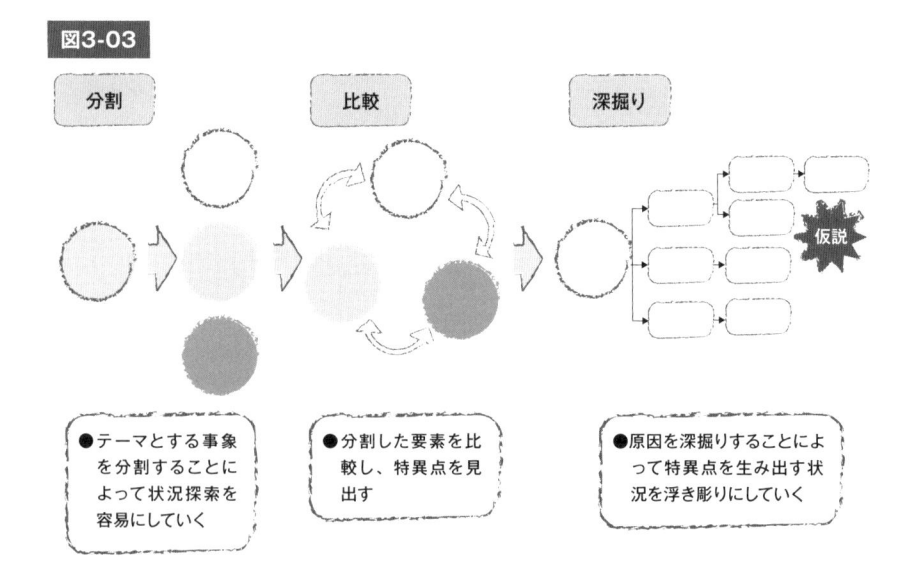

図3-03

分割 → 比較 → 深掘り → 仮説

- ●テーマとする事象を分割することによって状況探索を容易にしていく
- ●分割した要素を比較し、特異点を見出す
- ●原因を深掘りすることによって特異点を生み出す状況を浮き彫りにしていく

2 すぐに使える3つの分析法

　マーケティングに役立つ分析方法として、重回帰分析や因子分析、クラスター分析などの多変量解析といわれる分析手法が多数ありますが、仮説を設定するには、多変量解析などの専門的な分析方法を用いなくても可能です。

　本書では難解な分析手法を用いずに、仮説まで導く手法を主旨にしています。そこで、すぐに使える3つの分析方法を解説していきます。

1　過去の流れから未来を予測するトレンド分析

　仮説を設定するには、長期間のデータの趨勢から、現在はどのような傾向が見られるのか、今後どのような状況になるのかを見極めることが必要です。その際に活用できるのが、「プロダクト・ライフ・サイクル（PLC）」です。

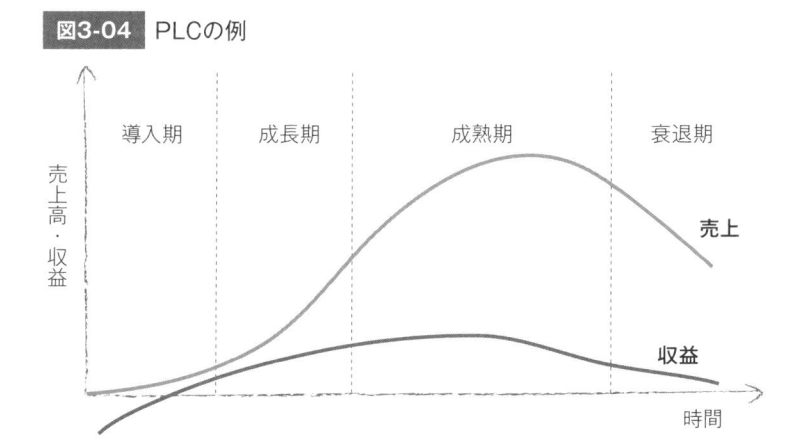

図3-04 PLCの例

[図：縦軸「売上高・収益」、横軸「時間」。導入期・成長期・成熟期・衰退期の4区分。「売上」と「収益」の2本の曲線]

PLCは、商品の一生を表したグラフです。人に一生があるように商品にも一生があります。その一生は、まだ市場に参入して間もない「**導入期**」からはじまり、売上が急増していく「**成長期**」、売上が頂点を迎える「**成熟期**」そして市場から徐々に消えていく「**衰退期**」の4つの段階に分類できます。

　PLCを作成することで自社商品は今が増加傾向の真っただ中にあり、今後も増加傾向が続くという「成長期」にあるのか、それともピークを過ぎた「衰退期」にあるのかなどを把握していくことができます。そして、各段階に合った施策を検討することができます。

　「導入期」には、市場でその商品の価値が十分知られていない状態ですので、認知を高める活動に重点が置かれます。「成長期」になると競合他社の参入が増えてきますので、競合他社との「違い」を訴求していく必要があります。「成熟期」は非常に良い状態ですが、このままいくと「衰退期」を迎えるので、ピークが来ないように「延命」するための施策をとります。たとえば、今まで商品を買ってくれた人に、より買っていただくように頻度を向上させる取り組みをするなどです。「衰退期」に入ると売上を再び増加させるのは困難ですが、利益は確保できます。最低限の投資で利益を維持するための施策を検討します。

　このように長期間のデータを見ると具体的に何をすればよいかが見えてきます。

図3-05

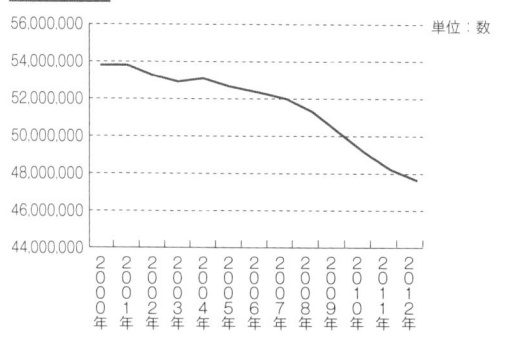

出所：一般社団法人日本新聞協会HP
「新聞の発行部数と世帯数の推移」をもとに作成

① 見えないものが見えてくる

　自担当の商品カテゴリーの長期の売上データからトレンド分析をすることは非常に重要なことです。

　たとえば図3-05は新聞の発行部数です。

新聞は主にインターネットの進展により部数を落としています。先ほどのPLCでは確実に「衰退期」といえます。また2010年から始まった日本経済新聞の電子版をきっかけに紙からWebへの流れが進んでいます。

こうした状況を踏まえて今後のビジネスモデルを再構築していくことが望まれます。

図3-06

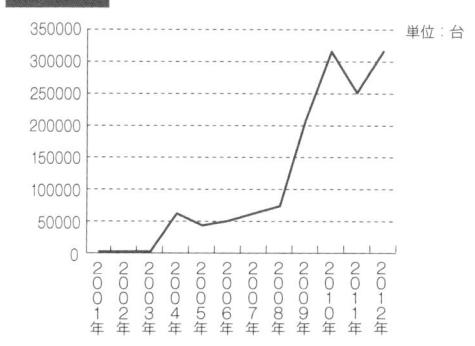

単位：台

出所：一般社団法人日本自動車販売協会連合会HP「統計データ」をもとに作成

図3-06はトヨタ・プリウスの販売台数の推移です。2009年の政府のエコカー減税の追い風を受け、販売台数が飛躍的に伸びています。PLCではホンダのインサイトやFITが参入している「成長期」と位置づけられ、ハイブリッドカーの勢いはさらに続くと思われます。

上記のように長期間のデータを収集することで今後の施策展開の方向性が見えてきます。

② データを複数かみあわせて予測の精度を上げる

トレンド分析では、現在の傾向を読み、将来を予測することに意義があります。そのうえで増減を引き起こす要因（増減させる要因となる影響を与える変数）を捉えて、予測の精度を向上させていきます。

前述のインターネット世帯普及率を例に説明します。ここでは平成23年末現在インターネットを利用している人のインターネット端末の種類に着目します。「自宅のパソコン63%」「携帯電話52%」が過半となっています。まだ「タブレット型端末4%」はマイナーな手段であることがわかります。

平成24年はタブレット端末、とくに7インチの端末が大ヒットした年です。タブレット端末の販売増加の勢いから、平成24年末の普及率は増加傾向が高まるのではないかと予測することができます。

図3-07 インターネット利用端末の種類（平成23年末）

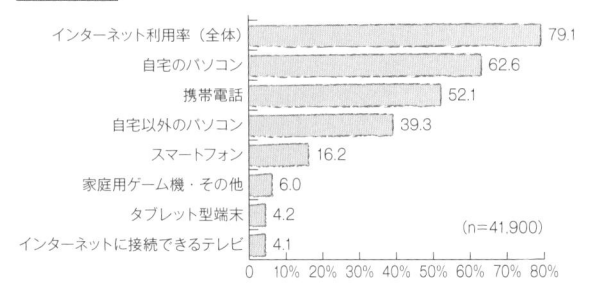

- インターネット利用率（全体）: 79.1
- 自宅のパソコン: 62.6
- 携帯電話: 52.1
- 自宅以外のパソコン: 39.3
- スマートフォン: 16.2
- 家庭用ゲーム機・その他: 6.0
- タブレット型端末: 4.2
- インターネットに接続できるテレビ: 4.1

(n=41,900)

※当該端末を用いて平成23年の1年間にインターネットを利用したことのある人の比率を示す。

出所：総務省「平成23年通信利用動向調査」

図3-08 インターネットの利用者数及び人口普及率の推移

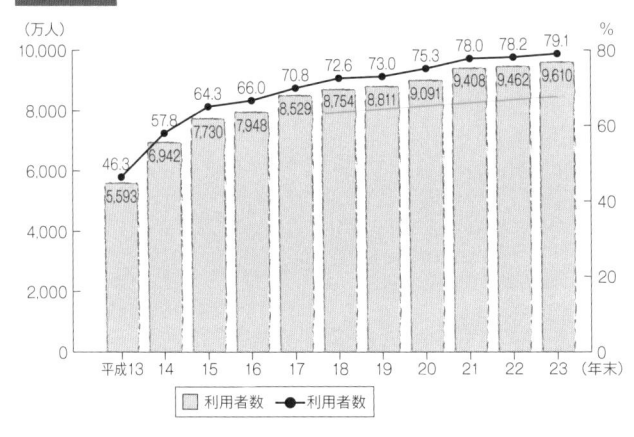

年末	利用者数（万人）	普及率（%）
平成13	5,593	46.3
14	6,942	57.8
15	7,730	64.3
16	7,948	66.0
17	8,529	70.8
18	8,754	72.6
19	8,811	73.0
20	9,091	75.3
21	9,408	78.0
22	9,462	78.2
23	9,610	79.1

出所：総務省「平成23年通信利用動向調査」

　IT市場専門の調査会社MM総研の「国内タブレット端末出荷台数調査」によると、2012年度通期（12年4月～13年3月）では、前年度比104.3%増の568万台となり、前年度278万台から倍増しています。年度と年の範囲の取り方に差異がありますが、平成24年末にタブレット端末がヒットしたということです。

　タブレット端末の利用方法や購買客層にもよりますが、このことがインターネットの世帯普及率に大きく寄与するのではないかと予測することができます。

このように販売額や出荷台数などを予測していくことがFindingです。その際には、これまでのデータの趨勢（グラフの形）から直感的に予測するのも重要ですが、増減させる他の要素（変数）、前出の例では、「タブレット端末出荷台数」を探索することで、予測の精度を向上させることができます。

図3-09 タブレット端末出荷台数の推移・予測

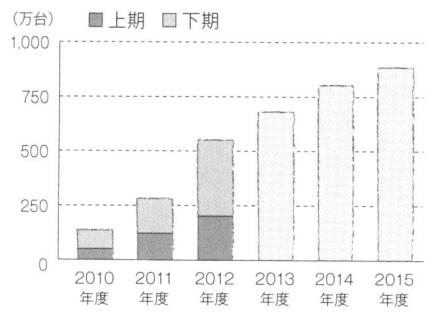

出所：MM総研「国内タブレット端末出荷台数」調査

どのような要素が販売や生産高を増加させるのか、企業活動を巡る環境変化要因にアンテナを張り巡らせて、増減に影響を及ぼす要因を探索することが必要となります。

そして、環境変化要因を探索するには、PEST分析や5Forcesなどのフレームワークを活用するといいでしょう。

図3-10 PEST分析

- **Politics　政治法律的要因**
  業界を取り巻く法律・政治の動き
  ●政治動向／法律・通達／規制緩和

- **Economics　経済的要因**
  日本経済・世界経済の動き
  ●景気動向／GDP／所得・消費性向

- **Social　社会文化的要因**
  人口動態的動き・消費トレンド
  ●少子高齢化／健康意識／消費者意識の変化

- **Technology　技術科学的要因**
  技術革新・科学の進展
  ●IT／インターネット／バイオテクノロジー／ナノテクノロジー

図3-11 5 Forces

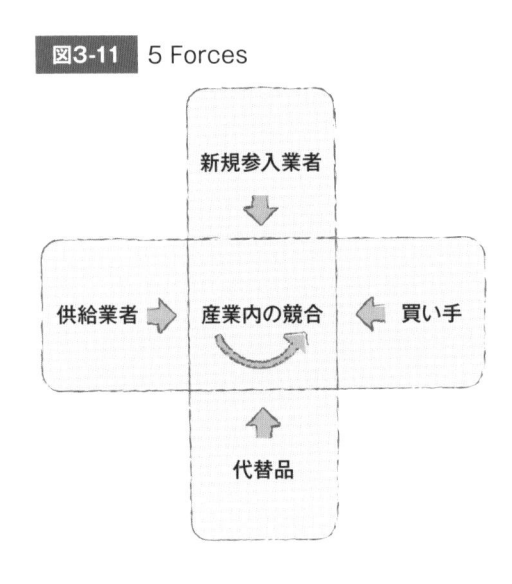

PEST分析は企業を取り巻くマクロの環境を「**政治法律的要因**」「**経済的要因**」「**社会文化的要因**」「**技術科学的要因**」の4つに分けて、当該商品カテゴリーの販売増減に影響を及ぼす要因を探索していきます。

5Forcesは業界の中で「**新規参入業者**」「**産業内の競合**」「**買い手**」「**供給業者**」「**代替品**」の5つの動向を探り、当該商品カテゴリーの販売増減に影響を及ぼす要因を探索していきます。

③ レート・シェア分析で今後の打ち手を考える

売上高などの定量データの地域差や拠点実績の差を把握するには、レート・シェア分析が有効です。レート・シェア分析は、レート(増減率)とシェア(割合)について相対的な比較を行う分析方法です。分析指標としては「**特化係数**」と「**拡大係数**」があります。

事例を使って、レート・シェア分析を考えていきましょう。カジュアルウエア小売チェーンの支店別商品カテゴリー別のデータを使用します。

図3-12 レート・シェア分析の分析指標

分析手法	意味合い(数式)	効果
特化係数	品目別シェアの全国平均を1としたときの、当該支店シェアの割合を表す。 当該シェア÷全体平均シェア	当該支店における特定品目のシェアがどの程度特徴的であるかがわかる
拡大係数	品目全体の平均倍率(レート)を1としたときの、当該品目の倍率の割合を表す。 品目別倍率÷品目全体平均倍率	当該支店における特定品目のレートがどの程度特徴的であるかがわかる

第3章 統計データの分析の仕方

対象年は2012年度、比較年は2007年度です。

図3-13 基本データ（2012年度）

	Tシャツ	ジーンズ	ジャケット	肌着	アクセサリー	製品計
A支店	6,573	11,623	16,020	923	4,685	39,824
B支店	20,880	11,591	24,116	1,052	9,021	66,660
C支店	52,297	51,922	106,212	6,329	32,647	249,407
D支店	14,552	5,395	14,934	1,144	3,550	39,575
E支店	7,185	1,053	8,666	226	1,739	18,869
F支店	20,813	10,086	38,884	1,269	7,847	78,899
G支店	30,851	10,604	64,529	2,165	13,675	121,824
H支店	14,070	7,821	21,129	669	4,413	48,102
I支店	7,307	3,113	11,146	251	2,045	23,862
J支店	14,000	32,329	33,090	921	6,451	86,791
エリア計	188,528	145,537	338,726	14,949	86,073	773,813

【特化係数の求め方】A支店のTシャツの特化係数

①A支店内のTシャツのシェアを求める（6,573÷39,824＝0.165）

②エリア計のTシャツのシェアを求める（188,528÷773,813＝0.244）

③A支店Tシャツのシェア①をエリア計のTシャツのシェア②で割る（0.165÷0.244＝0.677）

図3-14 特化係数

	Tシャツ	ジーンズ	ジャケット	肌着	アクセサリー	製品計
A支店	0.677	1.552	0.919	1.200	1.058	0.051
B支店	1.286	0.925	0.826	0.817	1.217	0.086
C支店	0.861	1.107	0.973	1.314	1.177	0.322
D支店	1.509	0.725	0.862	1.496	0.806	0.051
E支店	1.563	0.297	1.049	0.620	0.829	0.024
F支店	1.083	0.680	1.126	0.833	0.894	0.102
G支店	1.039	0.463	1.210	0.920	1.009	0.157
H支店	1.201	0.864	1.003	0.720	0.825	0.062
I支店	1.257	0.694	1.067	0.544	0.770	0.031
J支店	0.662	1.981	0.871	0.549	0.668	0.112
エリア計	0.244	0.188	0.438	0.019	0.111	1.000

さて、特化係数が1より大きければ、全体の平均的なシェアよりも高く、「特化している」と判断します。

A支店ではTシャツの特化係数が0.677ですので、他の支店よりも売

れ行きが思わしくないカテゴリーといえます。そのため、他の支店のTシャツの販売方法や品揃えを研究し、自店に取り入れるなど工夫する必要があります。反対にジーンズは特化係数が1.552ですから、かなり売れている商品カテゴリーといえます。

　このように特化係数はエリアと商品カテゴリーの関係から、特徴的な動向（売れ行き）を見出すことができ、改善活動に活かすことができます。

図3-15 基本データ（2012年度）

	Tシャツ	ジーンズ	ジャケット	肌着	アクセサリー	製品計
A支店	6,573	11,623	16,020	923	4,685	39,824
B支店	20,880	11,591	24,116	1,052	9,021	66,660
C支店	52,297	51,922	106,212	6,329	32,647	249,407
D支店	14,552	5,395	14,934	1,144	3,550	39,575
E支店	7,185	1,053	8,666	226	1,739	18,869
F支店	20,813	10,086	38,884	1,269	7,847	78,899
G支店	30,851	10,604	64,529	2,165	13,675	121,824
H支店	14,070	7,821	21,129	669	4,413	48,102
I支店	7,307	3,113	11,146	251	2,045	23,862
J支店	14,000	32,329	33,090	921	6,451	86,791
エリア計	188,528	145,537	338,726	14,949	86,073	773,813

図3-16 対比データ（2007年度）

	Tシャツ	ジーンズ	ジャケット	肌着	アクセサリー	製品計
A支店	6,527	11,438	14,733	850	5,093	38,640
B支店	22,017	9,715	22,373	869	9,710	64,684
C支店	56,840	42,609	104,333	5,672	37,343	246,797
D支店	14,953	4,556	13,802	1,049	3,645	38,004
E支店	7,378	851	7,959	192	1,804	18,184
F支店	22,119	8,141	36,815	1,064	8,345	76,483
G支店	34,160	9,046	62,650	2,035	15,106	122,998
H支店	15,047	7,131	19,548	593	4,703	47,022
I支店	7,840	2,814	10,289	219	2,133	23,295
J支店	14,337	31,481	30,235	797	6,896	83,746
エリア計	201,218	127,781	322,738	13,340	94,778	759,854

図3-17 製品別支店別増減率

	Tシャツ	ジーンズ	ジャケット	肌着	アクセサリー	製品計
A支店	1.007	1.016	1.087	1.086	0.920	1.031
B支店	0.948	1.193	1.078	1.210	0.929	1.031
C支店	0.920	1.219	1.018	1.116	0.874	1.011
D支店	0.973	1.184	1.082	1.091	0.974	1.041
E支店	0.974	1.238	1.089	1.177	0.964	1.038
F支店	0.941	1.239	1.056	1.192	0.940	1.032
G支店	0.903	1.172	1.030	1.064	0.905	0.990
H支店	0.935	1.097	1.081	1.128	0.938	1.023
I支店	0.932	1.106	1.083	1.149	0.959	1.024
J支店	0.976	1.027	1.094	1.156	0.935	1.036
エリア計	0.937	1.139	1.050	1.121	0.908	1.018

図3-18 拡大係数

	Tシャツ	ジーンズ	ジャケット	肌着	アクセサリー	製品計
A支店	1.062	0.882	1.024	0.958	1.001	1.000
B支店	1.000	1.035	1.015	1.067	1.011	1.000
C支店	0.990	1.078	0.977	1.003	0.970	1.000
D支店	1.016	1.017	1.008	0.952	1.049	1.000
E支店	1.020	1.067	1.018	1.030	1.042	1.000
F支店	0.991	1.074	0.933	1.050	1.022	1.000
G支店	0.991	1.058	1.009	0.976	1.025	1.000
H支店	0.994	0.959	1.025	1.002	1.029	1.000
I支店	0.989	0.966	1.026	1.019	1.049	1.000
J支店	1.024	0.886	1.025	1.014	1.012	1.000
エリア計	1.000	1.000	1.000	1.000	1.000	1.000

【拡大係数の求め方】A支店のTシャツの拡大係数

①A支店Tシャツの製品別支店別増減率を求める（6,573÷6,527＝1.007）…図3-15、3-16

②A支店増減率を求める（39,824÷38,640＝1.031）…図3-15、3-16

③A支店Tシャツの製品別支店別増減率のA支店増減率における構成比を求める（1.007÷1.031＝0.977）…図3-17

④エリア計Tシャツの製品別増減率のエリア計増減率における構成比を求める（0.937÷1.018＝0.920）…図3-17

⑤A支店Tシャツの増減率シェア③をエリア計Tシャツの増減率シェア④で割る（0.977÷0.920＝1.062）

拡大係数が1より大きければ、全体の平均的な増減率よりも高く、

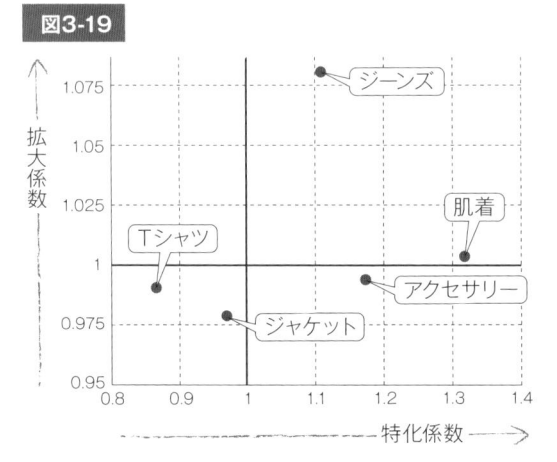

「拡大している」と判断します。

A支店ではTシャツ、ジャケット、アクセサリーの拡大係数が1を超えており、他の支店よりも伸びているといえます。それに引き換え、ジーンズは伸びが思わしくないカテゴリーといえます。ここから、「ジーンズの売れ行きが良いが、成長率は鈍っている」と判断することができます。

また、特化係数と拡大係数を掛け合わせると支店の販売方法や品揃えの方向性を検討することができます。

図3-19のグラフはC支店の特化係数と拡大係数を散布図に描いたものです。これを見るとジーンズは他の店よりもシェアが高く成長率も高い、全店の中で注目されるべき存在であることがわかります。C店のジーンズがなぜ売れているのか、要因を深掘りすることによって、当該チェーンのジーンズ販売増加のヒントを見出すことができます。

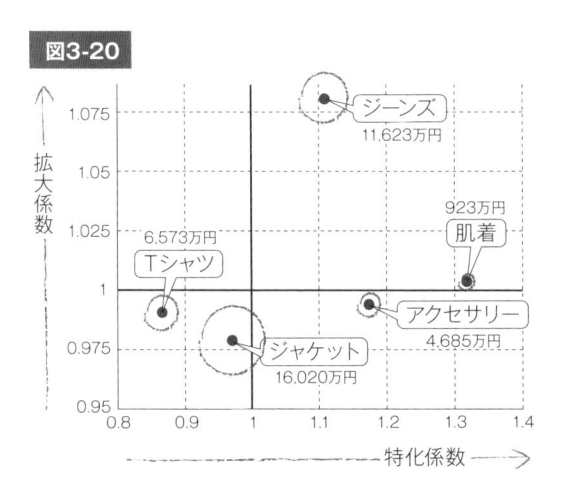

図3-19

反対にアクセサリーは他の店よりも売れ行きは良いものの縮小しているカテゴリーです。他の店のアクセサリーの品揃えや販売方法を参考にする必要があります。

注意しなければならないのは特化係数、拡大係数は、エリアにおける各商品カテゴリーの販売ボ

図3-20

リュームを表していないので、着目したカテゴリーを絞り込んだ後に、販売ボリュームを補足することが必要だということです。

そこで、特化係数、拡大係数を散布図に描いた後に販売ボリュームを円の大きさで表現するとわかりやすくなります。

こうするとA支店では、稼ぎ頭である「ジャケット」の衰えを「ジーンズ」で補うために、「アクセサリー」と合わせた（コーディネイト）提案が有効に働くのではないかと仮説を立てることができます。そうすることで「アクセサリー」の拡大係数も上げることができ、相乗効果が発揮できます。

2 トレンドの変化要因を探る比較分析

本章はじめの「データ分析のすすめ方」（75ページ）で触れたように、分析とは、全体から部分に分けて、その共通性や差異を見出すことで、全体を理解することですので、比較分析は分析の中核をなす方法といえます。これは、全体を細分化して要素に分けて、比較分析することで、何が（誰が）、全体のトレンドを変化させているのかを明らかにすることができます。

たとえば、「携帯型のステンレス飲料ボトル」の販売額が増加しているという事実があったとしましょう。それだけでは販売増加の要因を的確に理解することは困難ですが、主として、20代から30代の若年層が需要を支えていて、男性よりも女性の販売額が高く、用途はスポーツ用よりもビジネス用が多い、ということがわかれば、節約志向の高い、若い女性に支持されていることによって「携帯型のステンレス飲料ボトル」の需要が伸びているということがわかります。

このように、全体を要素に細分化することによって、ある時点で起きていることを的確に把握することができ、価値ある仮説を導き出すことが可能となります。

① 比較分析の手順

比較分析の代表的な分類軸として、デモグラフィック軸があります。

図3-21　母親の就業状況

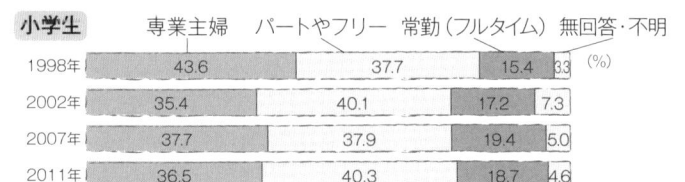

小学生　専業主婦　パートやフリー　常勤(フルタイム)　無回答・不明

年	専業主婦	パートやフリー	常勤(フルタイム)	無回答・不明
1998年	43.6	37.7	15.4	3.3
2002年	35.4	40.1	17.2	7.3
2007年	37.7	37.9	19.4	5.0
2011年	36.5	40.3	18.7	4.6

中学生

年	専業主婦	パートやフリー	常勤(フルタイム)	無回答・不明
1998年	37.2	42.7	16.1	4.0
2002年	32.1	41.7	18.6	7.7
2007年	27.2	46.6	20.5	5.8
2011年	27.5	47.4	19.9	5.3

注)「小学生」は小3～小6生、「中学生」は中1～中3生の数値。
出所：ベネッセ教育総合研究所「第4回子育て生活基本調査(小中版)」ダイジェスト(2011年)

性別や年代などのデモグラフィックデータは実態が掴みやすく、オーソドックスかつ現実的に分析可能です。まずは、デモグラフィック軸による比較分析を行い、状況を掴んでください。その次に時系列で増減を掴んでいくという手順を踏むとスムーズに分析することができます。

たとえば、性年代別に需要動向を比較し、購入率の高い属性を把握し、その属性を昨年対比で比較するという具合です。

図3-21はベネッセ教育総合研究所の「第4回子育て生活基本調査」にある「母親の就業状況」です。

このグラフを見ると小学生の子を持つ母親よりも、中学生の子を持つ母親の専業主婦の比率が低いことがわかります。さらに時系列のデータでその推移を見ると、年々中学生の母親の専業主婦比率が低くなっている（就業率が高まっている）ことがわかります。2007年以降、その傾向は顕著に見られており、女性の就業にかかわるポイントとなる事項を発見することができます。ここから、手のかかる小学生の子供が中学校にあがり、パートやフリーな職業に就くという傾向が高まるようだと推測できます。

その他比較分析する軸としては、時間比較、経年比較、行動データ、

他社比較があります（図3-22）。

図3-22 比較分析する軸の例

分類	比較例	詳細
デモグラフィック	性別・年代・職業・所得など 企業規模・業種・エリアなど	● ハードなFactに基づいた、精度の高いデータが得られる ● デモグラフィックだけでは特徴を見出しづらい。たとえば20代男性には多用な趣向を持ったグループが存在する
時間比較	月別比較（1～12月） 月内比較（月初・月中・月末） 曜日比較・時間比較	● いつ行動しているのか？（購入しているのか） ● 購入と使用のギャップなど細分化することでさらなる知見が得られる
経年比較	前年に実施した統計資料との比較	● 昨年実施調査データの時系列比較 ● CSデータは行った施策との因果関係を見出すことができ、効果検証に役立つ
行動データ	消費量別 購買頻度別	● 対象顧客の消費や購買といった行動レベルで比較する。（ヘビーユーザー・ミドル・ライト・ノン） ● 2次データからは困難。リサーチを実施する必要がある
他社比較	競合他社との実績、商品評価、イメージ評価など	● メーカー別の生産量、販売実績などは、業界団体の統計資料から見出すことができる ● 具体的な商品評価はリサーチを実施する必要がある

② 何％あれば差があるとするのか

では、比較分析において、どれほど比率に差があった場合に「差がある」と認識したらよいでしょうか。

比率に差があるかどうかは、サンプル数と比率によって変動します。図3-23の早見表で感覚的に差異の程度を捉えてください。

サンプル数が100同士の2つの要素（要素Aと要素B）を比較して、その比率差が有意となる比率の差を示しています。表を行ごとに横に見てください。要素Aが10％だったときに、要素Bが3％であれば統計的に差があると見なします。その場合に有意となる差（統計的に違いがあ

図3-23 n100の場合（数値は%）

要素A (n100)	要素B (n100)	有意となる差
10	3	7
20	11	9
30	20	10
40	28	12
50	38	12
60	48	12
70	58	12
80	69	11
90	81	9

るといえる差）は7%となります。そのように早見表を見て、比率が有意となる差は100サンプル同士の2つの要素を比較する場合、最大12%となります。

比較する要素のサンプルごとに50サンプル、75サンプル、100サンプル、200サンプルについて、有意となる差の最大は以下のとおりです。目安として認識をしていただくと比較分析する際に便利です。

サンプル数	有意となる差の最大
50サンプルどうし	17%
75サンプルどうし	14%

サンプル数	有意となる差の最大
100サンプルどうし	12%
200サンプルどうし	9%

2次データを活用して比較分析する際には、100サンプルであれば差が12%、200サンプルあれば差が9%以上あれば、「差がある」と認識してください（ただし、上記の有意差は信頼度95%で算出したものです。信頼度95%は100回試して同じ結果が出る確率が95%という確率です）。

図3-24は、企業の経営課題を「増収増益」企業126社と「減収減益」企業75社をアンケート結果をもとに比較したものです。サンプル数75のときには14%以上あれば統計的に差があるといえますので、増収増益と減収減益の比率の差が14%以上開きのある項目に網掛けをしました。

ここからメッセージを読み取ると、

> 減収減益企業は、顧客からの「コストダウン要請」や「海外企業との競合」といった環境変化に対応しきれずに、苦戦している様子がうかがえる。増収増益企業はそういった環境変化に対応することで、着実に取引顧客数を増加させ、経営環境変化に上手に対応している。

となります。

図3-24

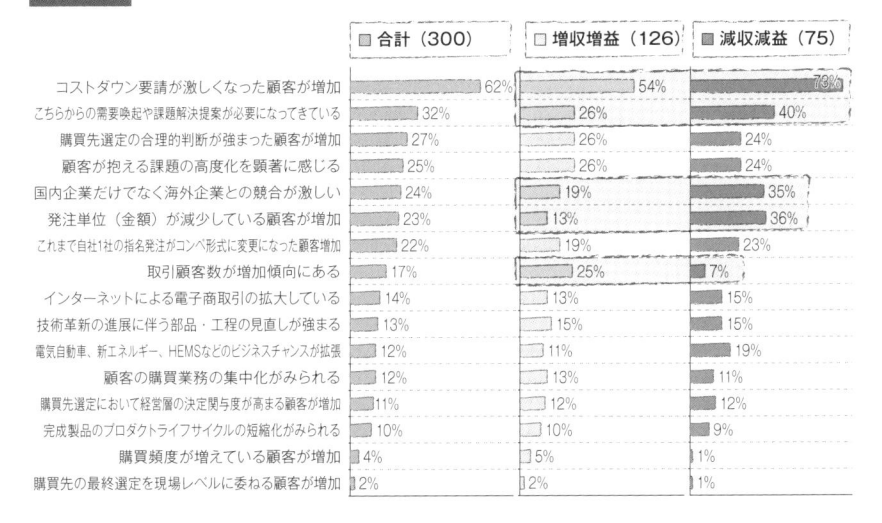

	合計（300）	増収増益（126）	減収減益（75）
コストダウン要請が激しくなった顧客が増加	62%	54%	73%
こちらからの需要喚起や課題解決提案が必要になってきている	32%	26%	40%
購買先選定の合理的判断が強まった顧客が増加	27%	26%	24%
顧客が抱える課題の高度化を顕著に感じる	25%	26%	24%
国内企業だけでなく海外企業との競合が激しい	24%	19%	35%
発注単位（金額）が減少している顧客が増加	23%	13%	36%
これまで自社1社の指名発注がコンペ形式に変更になった顧客増加	22%	19%	23%
取引顧客数が増加傾向にある	17%	25%	7%
インターネットによる電子商取引の拡大している	14%	13%	15%
技術革新の進展に伴う部品・工程の見直しが強まる	13%	15%	15%
電気自動車、新エネルギー、HEMSなどのビジネスチャンスが拡張	12%	11%	19%
顧客の購買業務の集中化がみられる	12%	13%	11%
購買先選定において経営層の決定関与度が高まる顧客が増加	11%	12%	12%
完成製品のプロダクトライフサイクルの短縮化がみられる	10%	10%	9%
購買頻度が増えている顧客が増加	4%	5%	1%
購買先の最終選定を現場レベルに委ねる顧客が増加	2%	2%	1%

3　因果関係から仮説を導く相関分析

　相関関係とは、一方のデータが他方のデータに、強く影響を及ぼす関係にあることをいいます。

　たとえば、ある業界で、月間訪問件数が多い営業担当者の営業実績が

図3-25　売上高と訪問回数の関係

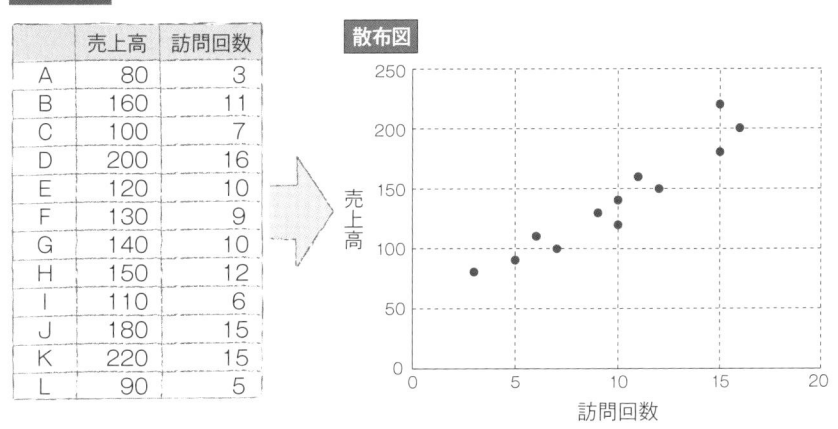

	売上高	訪問回数
A	80	3
B	160	11
C	100	7
D	200	16
E	120	10
F	130	9
G	140	10
H	150	12
I	110	6
J	180	15
K	220	15
L	90	5

高く、訪問件数が少ない営業担当者ほど営業実績が低いという関係がある場合、月間訪問件数と営業実績の間には「相関関係がある」といいます。勉強時間が多い中学生ほど成績が良く、勉強時間が少ない中学生ほど成績が悪いという関係も、同様に勉強時間と成績の間には「相関関係がある」といいます。

反対に1日にゲームをする時間が多い中学生は成績が悪く、ゲームをする時間が少なくなるほど成績が良くなるという場合も、1日のゲーム時間と成績の間に「相関関係がある」といえます。

前者の勉強時間と成績の関係を「正の相関がある」といい、ゲーム時間と成績の関係を「負の相関」といいます。このように2つのデータの間に影響を及ぼしあう関係性が見出された場合、相関関係があるといいます。

これを図3-26のように散布図にすると、勉強時間と成績の関係は右肩上がりの線上にデータが集まります。ゲーム時間と成績の関係は右肩下がりの線上にデータが集まります。

ところで、相関関係は相関係数という指標で表すことができます（図3-27）。相関係数は－1～1までの範囲にあり、相関係数が1に近づくと右肩上がりにデータが集中します。反対に－1に近づくと右肩下がりにデータが集中します。

そして、相関係数は〈r〉で表されます。ただ相関係数がどの程度あると相関関係があるという基準は統計的にはありません。マーケティングの経験則としては絶対値が0.4以上あれば、相関関係があるとみなし

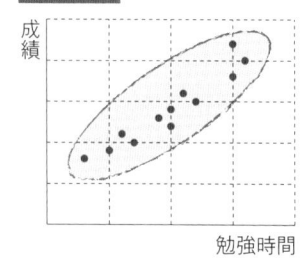

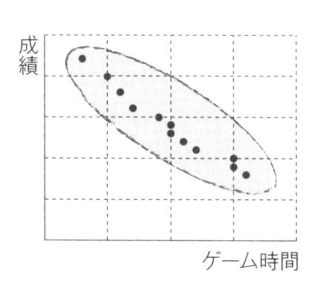

図3-26

図3-27

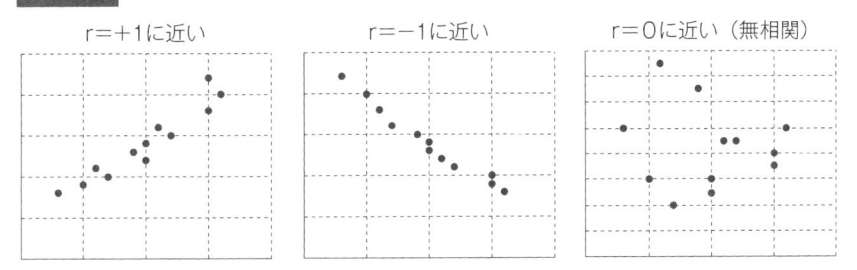

r＝＋1に近い　　　　r＝－1に近い　　　　r＝0に近い（無相関）

ています。

Rの数値（絶対値）
- ●強い相関……………… 1.0≧r≧0.7
- ●やや強い相関がある… 0.7＞r≧0.4
- ●弱い相関……………… 0.4＞r≧0.2
- ●ほとんど相関がない… 0.2＞r≧0

　この相関関係を活用するとマーケティング施策の精度を向上させることができます。

　スーパーマーケットやコンビニエンスストアでは、価格以外で商品の売上が増減する要素がいくつか存在します。気温や気候、天候、年間行事や地域の行事などです。

　たとえば、居酒屋で1日の平均気温とその日のビールの売上数のデータを集めて散布図を描くと図3-28のようになります。

　この関係に着目して、平均気温が高い日にはビールの割引キャンペーンを行うことで、より多くの集客が期待できます。こうした売上に影響を及ぼす要素を「**コーザルデータ**」といいます。コーザルデータに着目することで、小売店舗では品揃えを変更したり、特売を行ったりすることで、売上増加を実現することができます。

図3-28

ビールの売上／平均気温

　同様に、気温が上がればアイスの売上は

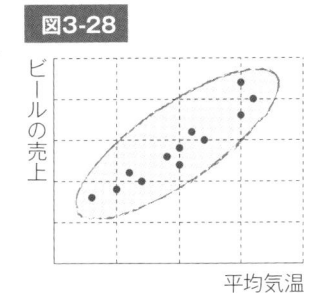

増加しますし、夏祭りの時期には浴衣や甚平の売上が増加します。こういった売上に影響を及ぼす要素として何が考えられるのか探索していくことが重要なのです。

マーケティングで相関関係を活用する際には留意点があります。相関関係は単にデータ間の関係を表しているもので、因果関係があるかどうかを別途見極める必要があるということです。

ところで、マーケティングと統計学は関わりが深いですが、マーケティングで必要なのは、コーザルデータのような、具体的に実態として因果関係があるものです。

食品スーパーではワインを購入した人がチーズを一緒に購入する比率が高いといわれています。この場合は相関関係があり、かつ「ワインを飲むときにチーズも一緒に食べる」という因果関係も成り立ちます。このような関係がある変数、この場合でいう「チーズ」を探索するのです。

ところが、相関関係はあるが因果関係がないというものもあります。図3-29は朝食を摂取する度合別に小学5年生と中学2年生のペーパーテストの結果をグラフ化したものです。

このグラフを見るかぎり、朝食をとる子供ほど良い成績をとっている、

図3-29 朝食と学力の関係

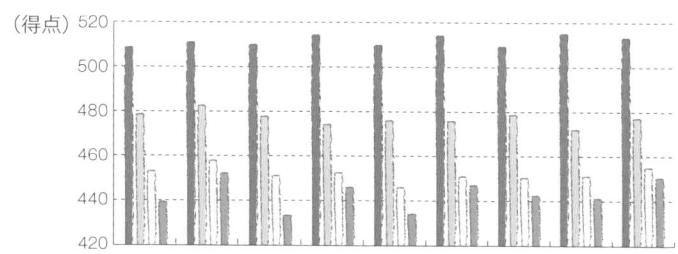

	国語		社会		算数または数学		理科		英語
	小5	中2	小5	中2	小5	中2	小5	中2	中2
必ずとる ■	509	511	510	514	510	514	509	515	513
たいていとる ▨	479	482	478	474	476	476	479	472	477
とらないことが多い □	453	458	451	453	446	451	450	451	455
全く、または、ほとんどとらない ■	439	452	433	446	434	447	442	441	450

平成15年度 小・中学校教育課程実施状況調査」国立教育政策研究所（2003）
（※資料「平成18年版食育白書」内閣府）

すなわち、朝食摂取と学力の間には一定の相関関係にあると見られます。

親としたら朝食をしっかり食べさせて学力を向上させたいところですが、ここに相関と因果関係の罠が存在しています。学力向上の秘密兵器が発見されたと思いたくなりますが、両者の関係には1つ大きな要因が介在しています。

それは、生活態度と考えられます。「生活態度がきっちりしている。だから朝食をしっかりとる」ということと、「生活態度がしっかりしている。だからケジメある節度をもって勉強にも励んでいる」という2つの関係があって、「生活態度がしっかりしていること」が「朝食をとる」「学力」両者の間に隠されていると考えます。このように、相関関係のあるものを探索し、その中で因果関係のあるものを精査することに注意が必要です。

因果関係にあるかどうかのチェックポイントとして、「**時間的序列**」「**意味的連動性**」「**第三の要因**」の3つがあります。

時間的序列は、原因が先に起こって、結果が後から起こるという関係にあるかどうか、ということです。気温が先に上がって（原因）、アイスクリームが売れる（結果）という関係です。

意味的連動性は、常識的に考えて納得できるかどうかという判断基準を持つということです。以前にデータマイニングという手法の事例として、「おむつとビールの売上の関連」について話題になったことがあります。週末に若いお父さんがスーパーマーケットでおむつを購入する際に、ついでにビールも購入するケースが高いという話です。この話のように、2つの変数に納得がいく関係性があるかどうかということです。

第三の要因は、直接の相関関係の他に、影響を及ぼす他の要素があるかどうかということです。前述の朝食と学力の関係です。素晴らしい発見だと思ったら、間に何か要因が隠されていないかどうか検討してみる癖をつけてください。

図3-30　因果関係を見る3つのチェックポイント

時間的序列	相関関係にある2つの事象のうち、一方が必ず先に起こり、それを原因として他の一方が後から起こる（雨降って地固まる）
意味的連動性	経験的に納得して受け入れることが可能な関係性。常識的に正しい判断（血液型と相性）
第三の要因	2つの事象に対して共通する原因事象が存在していることに留意する（茶碗の数と米の消費）

column ▶ 震災後の離婚率低下とファミリー消費の因果関係

　ある新聞に震災後の離婚率低下とファミリー消費には因果関係にあるという記事がありました。そのような関係があるのか精査してみましょう。
　記事では震災後離婚率が低下したのでファミリー消費が増加したとあります。因果関係を整理すると、以下のような関係性が考えられます。

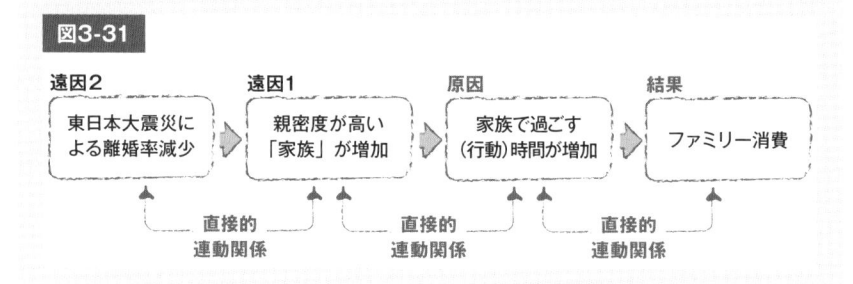

図3-31

遠因2　　　　　　　遠因1　　　　　　　原因　　　　　　　結果

[東日本大震災による離婚率減少] → [親密度が高い「家族」が増加] → [家族で過ごす（行動）時間が増加] → [ファミリー消費]

　　　直接的　　　　　　　直接的　　　　　　　直接的
　　　連動関係　　　　　　連動関係　　　　　　連動関係

　離婚率の低下とファミリー消費の間にはいくつかの因果関係が連なり、影響を及ぼしています。こういった関係を「**直接的連動関係**」といい、因果関係の中では注意が必要です。
　ファミリー消費を直接引き起こしているのは、家族で過ごす時間が増加したという原因に直接連動しているわけで、離婚率低下は遠い原因（遠因）となります。

直接的連動関係にない遠因を因果関係としてしまうと、追跡すべきデータを見間違う危険性があります。相関関係の第三の要因と同じく、直接的連動関係にあるかどうか注意しましょう。

4 データ分析の体系

仮説設定とデータ分析の関係を合わせてみると、以下のように整理できます。

図3-32

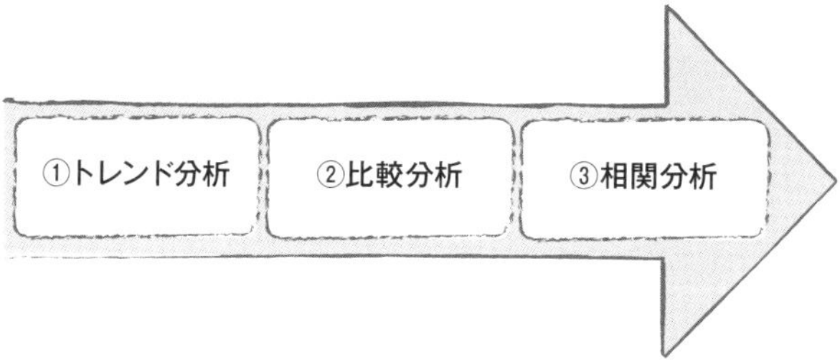

①トレンド分析 → ②比較分析 → ③相関分析

①トレンド分析	対象市場の現状を把握するためにトレンド分析を実施します。これまでの傾向から、今後は成長傾向にあるのか、低減傾向にあるのかを掴みます。そして今後のデータの増減に影響を及ぼす要因を探索します。
②比較分析	全体をいくつかの要素に分解して、要素間の比較分析を行います。差がある比較に着目して、増減をもたらす部分としての要素を見出します。
③相関分析	要素に影響を及ぼす他の要素を探索する相関分析を行います。

その後③で見出した要素と絡めた施策の提案を検討します。

たとえば、コーヒーの販売について定量データの手順としては、①コーヒーの販売額を長期で収集しトレンド分析を行います。結果としてコーヒーの売上が成熟期を迎えていることを理解します。丁度ピークを迎えているところで、このまま施策を打たなければ販売額は減少に転じる危険性があることを認識します。

次に、②コーヒーを飲んでいる人を性別や年代別に、それぞれの飲用量を比較します。その結果、40代男性の飲用量が他の層と比較して極

端に多いことがわかったとします。

　そして、③40代男性のコーヒー飲用量に影響を及ぼす変数を探索した結果、ストレスの関係が見出されました。

　その結果を受けて、「ほっと一息入れる際に最適なコーヒー」をコンセプトに販売促進の施策を策定します。

　実際には2次データの変数が揃っていることが前提となるので、すべてのプロセスが以上の流れで分析できないこともあるかもしれません。各分析方法を仮説設定するプロセスに当てはめるという意味で確認してください。

3 仮説設定に役立つグラフ表現

1 グラフでデータの意味合いを見える化する

　仮説設定はデータの意味を考察していくことに意義があるので、直感的・感覚的に状況を理解することが求められます。その意味でグラフはビジュアルに感じ取り、課題を可視化することができるツールといえます。

単位：億円

	年度	2006	2007	2008	2009	2010
A社	売上	660	650	680	670	658
	利益	66	68	70	72	74
B社	売上	80	100	320	410	440
	利益	8	12	64	82	88

　たとえば、A社とB社の売上と利益の金額を示した数表があった場合、この数表を見てすぐに意味合いを見出すことはちょっと難しいかもしれません。

　そこで、次ページの図3-33のようなグラフを作成することで、いろいろなことが見えてきます。

　このグラフは、売上高を示す目盛りを左側に、利益を示す目盛りを右側に配置しています。

　折線グラフが売上高、利益と重なるように見えていますが、売上と利益の推移は桁が一桁違うことに留意することが必要です。それ以外は縦軸が金額、横軸には時系列に年度が並んでいます。

　グラフにすることで、A社の売上利益金額の推移が、B社ほど変動がないことがわかります。またB社の売上が2008年度から急激に増加し

図3-33

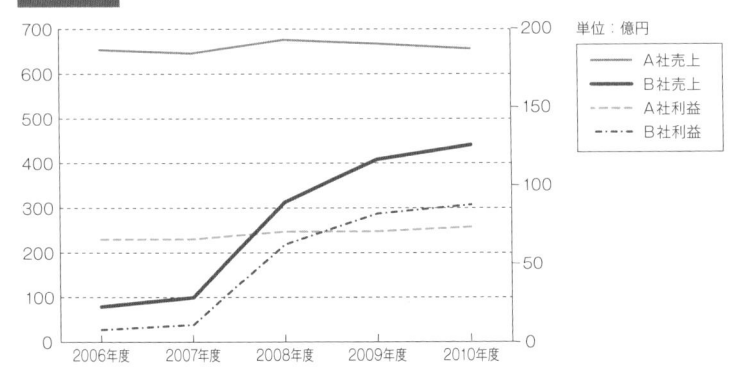

単位：億円
- A社売上
- B社売上
- A社利益
- B社利益

ていること、B社の売上に対する利益率が上昇し、A社をしのぐ利益額になっていることがわかります。

ここからB社は2008年以降、これまで着目していなかった新たなセグメントを発見しビジネス展開することで新市場開拓に成功した、と読み取ることができます。

A社の売上、利益水準が落ちていないことからも、B社は新市場を掴んだといえるでしょう。

このように仮説設定においてグラフを作図することは、データを読み取るうえで非常に有効です。

2　トレンド分析のグラフ表現

① トレンドデータは長期と短期を分けてグラフを作成する

トレンド分析は、対象となる市場の趨勢を、過去から読み解くうえでとても重要です。グラフを有効活用することで視覚面からも読み解くヒントを見出すことができます。ただ、期間の設定には注意が必要です。

グラフを長期間で示すと長期間の予測には役立ちますが、短期の動きは埋没してしまいます。細かな動き（短期のトレンド）について別途短期間の推移を示すグラフを作成することが必要です。

図3-34はある企業の販売金額の推移を10年間示しているグラフです。このグラフからは「2012年度は大幅な減収といえ、2013年度は抜本的

図3-34

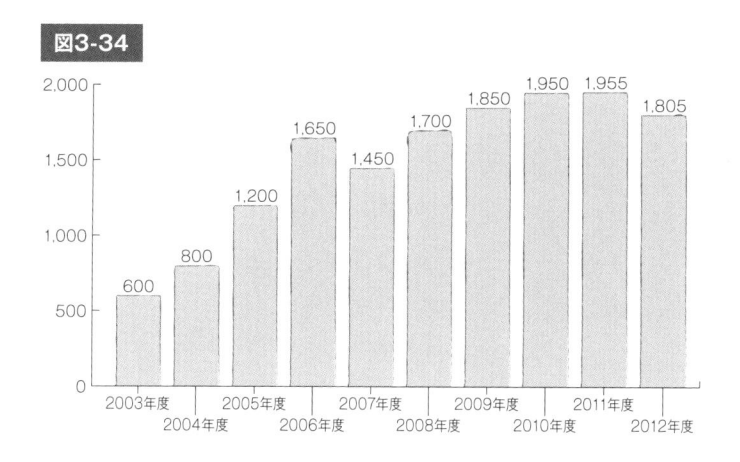

(棒グラフ: 年度別売上)
- 2003年度: 600
- 2004年度: 800
- 2005年度: 1,200
- 2006年度: 1,650
- 2007年度: 1,450
- 2008年度: 1,700
- 2009年度: 1,850
- 2010年度: 1,950
- 2011年度: 1,955
- 2012年度: 1,805

な改革が求められる」というメッセージが読み取れます。

ところが、月別の売上データを作成してみると図3-35のようになります。

図3-34と図3-35の2つのグラフは同じ数値をもとにしていますが、細分化してみると、1年の間にも増減が見られます。短期のトレンドを掴めば、「2012年度は、年度ベースでの売上高は低調であったが、期初から期末にかけて増加傾向にあり、2013年度も12年度の方向性を継続す

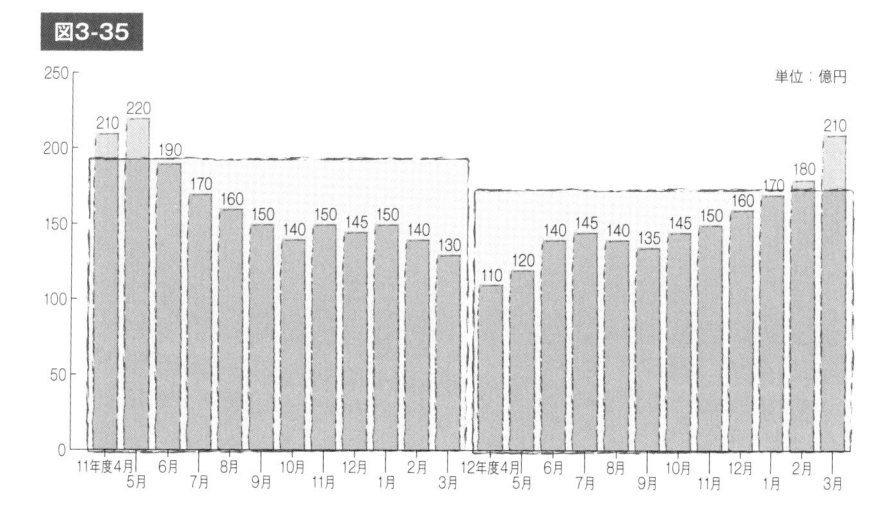

図3-35

単位：億円

(棒グラフ: 月別売上)
- 11年度4月: 210
- 5月: 220
- 6月: 190
- 7月: 170
- 8月: 160
- 9月: 150
- 10月: 140
- 11月: 150
- 12月: 145
- 1月: 150
- 2月: 140
- 3月: 130
- 12年度4月: 110
- 5月: 120
- 6月: 140
- 7月: 145
- 8月: 140
- 9月: 135
- 10月: 145
- 11月: 150
- 12月: 160
- 1月: 170
- 2月: 180
- 3月: 210

るべき」というFindingを得ることができます。

つまり、長期と短期、両面で実態を捉えることが必要だということです。

② 積み上げグラフ

市場全体の趨勢を見たいときには折線グラフでも棒グラフでも意味するところは変わりませんが、全体の趨勢と細分化された要素を同時に見たいときには積み上げ棒グラフが適切です。

図3-36はビール類の売上推移です。積み上げグラフにすることで、1995年から発泡酒が登場し、ビールの売上を補足するように置き換わっている状況や、2003年から登場した新ジャンルビール（第三のビール）が発泡酒、ビールの売上を補足している状況がよくわかります。

③ 積み上げグラフと帯グラフを合わせて読み解く

トレンドデータは実数をグラフ化することで、規模の増減を理解することができます。基本は棒グラフや積み上げグラフの縦軸を実数値とします。

図3-36 国産ビール・国産発泡酒の出荷量（キロリットル）

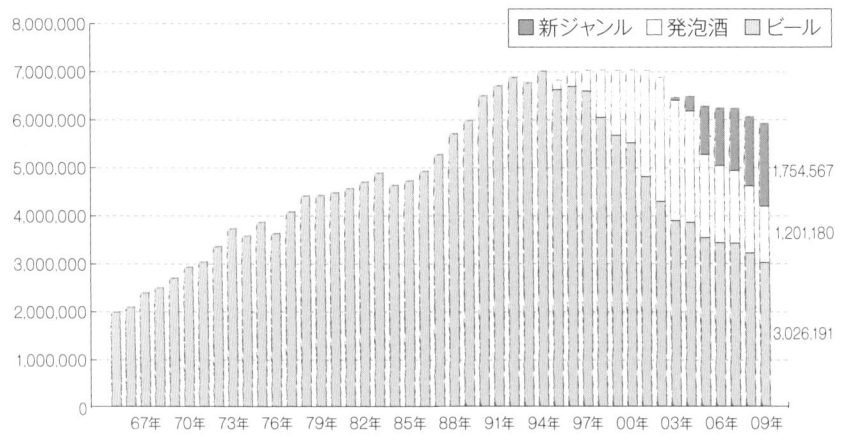

出所：「酒類食品産業の生産・販売シェア」日刊経済通信社調査部

ただ、実数値だけでは全体に対する比率の変化を見ることができません。

実数値を示した、積み上げグラフだけを見ているとビールの落ち込みが激しく、ビールのテコ入れをする必要があるように見られます。ところが縦帯グラフ（図3-37）を作成すると、95年に登場した発泡酒が2003年までシェアを向上させた後、同年登場した「新ジャンル」に徐々に浸食されている様がよくわかります。さらに2008年には「新ジャンル」のシェアが「発泡酒」のシェアを逆転しています。2009年には「新ジャンル」プラス「発泡酒」でビールとほぼ半分の49％までシェアを拡大しています。

ここからビール類は価格訴求の高い「発泡酒」から「新ジャンル」に代替することで、売上水準を維持していると類推できます。

帯グラフは全体に対する比率を見ることができるので、長期間の要素間の推移を比較したいときには棒グラフ、積み上げグラフとともに作成しましょう。積み上げグラフからは、増減傾向と、帯グラフからは要素の構成が変化していることを知ることができます。

図3-37 国産ビール・国産発泡酒の出荷量

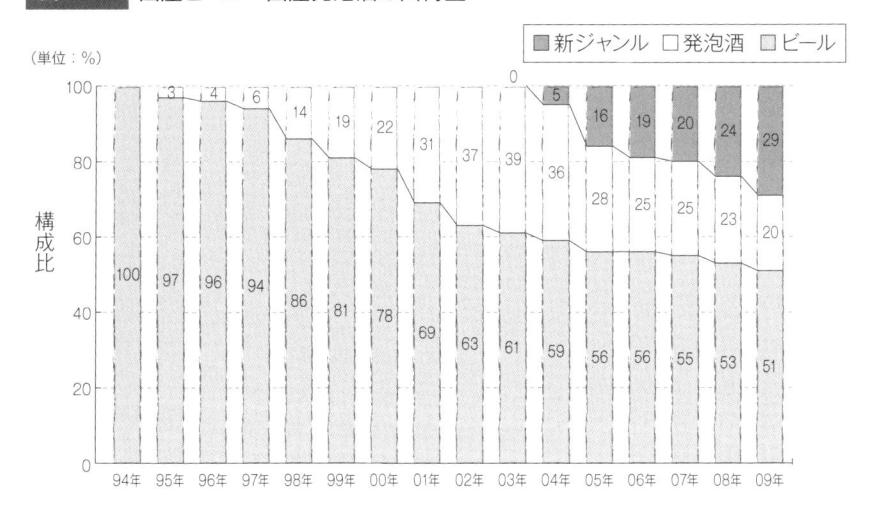

出所：「酒類食品産業の生産・販売シェア」日刊経済通信社調査部

④ 複数の要素を比較する場合のグラフ

複数の要素を1枚のグラフで比較したいときには折線グラフが活用できます。たとえば、長期のブランド別のシェア推移を1枚のグラフにおさめたい場合です。

図3-38はビールメーカーのシェア推移を表していますが、折線グラフにすることで、各社のシェアの増減が一目でわかります。

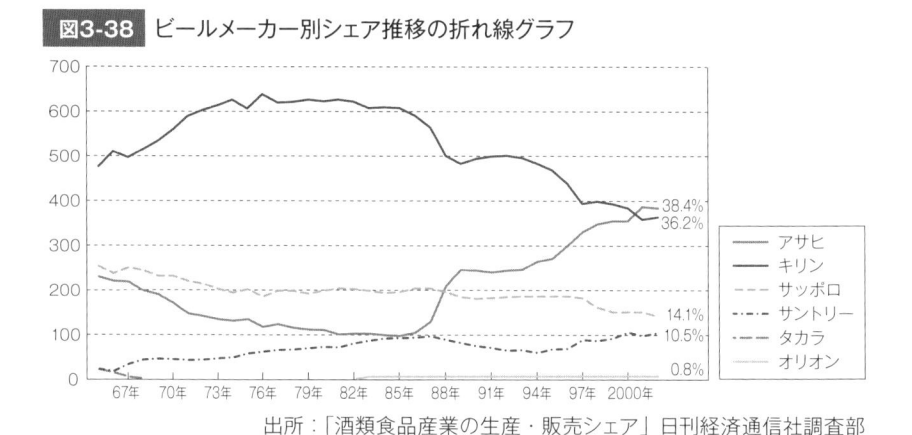

図3-38 ビールメーカー別シェア推移の折れ線グラフ

出所:「酒類食品産業の生産・販売シェア」日刊経済通信社調査部

⑤ 年計グラフで現時点での状況を把握する

月別に売上変動の激しい商品カテゴリーを集計していると、今月の実績が好調であるのか、そうではないのか、判別することが困難な場合があります（図3-39）。対前年比較を算出し好調不調を判断するというやり方がありますが、それでは前月から好調な傾向であるのか低調な傾向であるのかを見極めることができません。

そこで当月の実績を当月だけで集計するのではなく、当月から数えて過去11ヵ月さかのぼった12ヵ月分の売上数値を合計して、推移を見ていく年計グラフを作成します。

年計グラフの傾きを見れば現在の活動がプラスに働いているのか、否かが一目瞭然にわかります。図3-41のグラフでは安定した売上実績を毎月積み上げている状況を把握することができます。

図3-39 月別売上実績

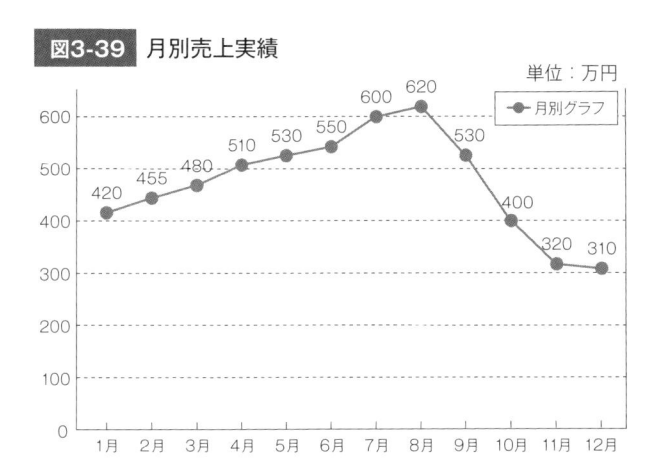

単位：万円

月別グラフ: 1月 420, 2月 455, 3月 480, 4月 510, 5月 530, 6月 550, 7月 600, 8月 620, 9月 530, 10月 400, 11月 320, 12月 310

図3-40 年計グラフの算出範囲

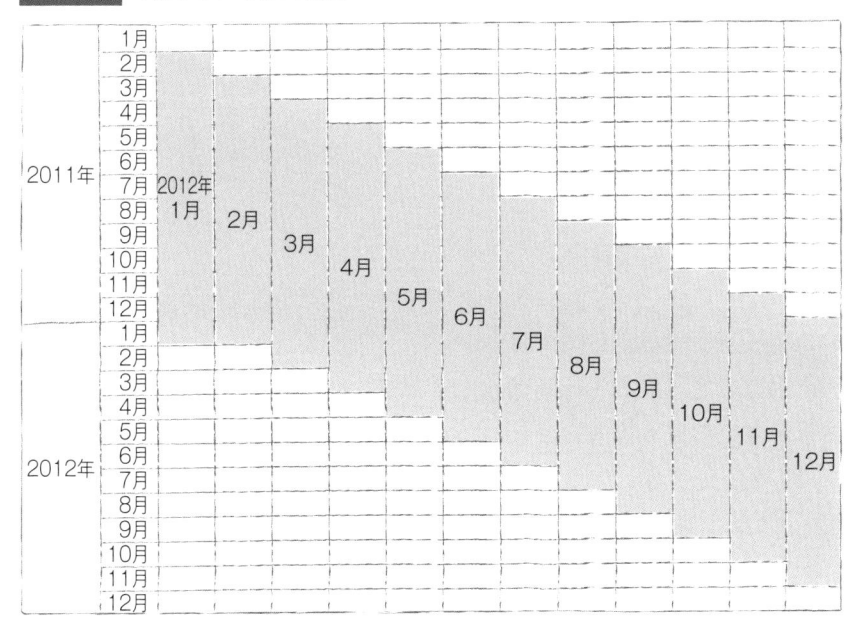

図3-41 年計グラフ

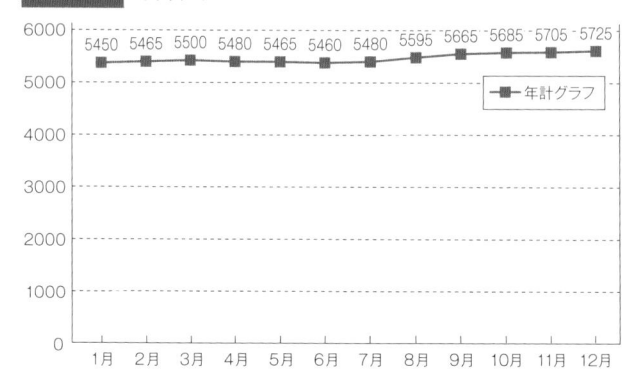

グラフ値: 5450, 5465, 5500, 5480, 5465, 5460, 5480, 5595, 5665, 5685, 5705, 5725（1月～12月）

3　比較分析のグラフ表現

①　重ねグラフで比較上の特徴を見出す

　比較分析は、全体を要素に分けて、その相違点を見出すことが目的です。従って相違点がわかるようなグラフが役立ちます。とくに、比較する要素（セグメント）が2つであれば重ねグラフが有効です。同一の選択肢を重ねて比較することができるので、時系列にデータを重ねて比較したいときなどには非常に見やすく、考察しやすいグラフといえます。

　図3-42の重ねグラフは、ある企業の顧客満足度調査のグラフです。自社は商品力の満足度が高いですが、それ以外は競合A社の満足度に満たない水準です。営業活動や事務対応などの人的対応面での満足度の差が、総合評価で競合A社に引けをとっている要因と考えられます。

②　XYグラフで特徴点を見出す

　2つの要素をよりビジュアルに比較したい場合には、XYグラフも活用できます。XYグラフの作成方法は散布図と同じですが、X軸を原因とし、Y軸を結果とするのではなく、比較したい要素をX軸Y軸に割り当てて比較していきます。

　図3-43はスーパーマーケットの経営課題を、全国チェーンと地域チェーンに分けて比較したものです。対角線を引いて、対角線よりも右

図3-42

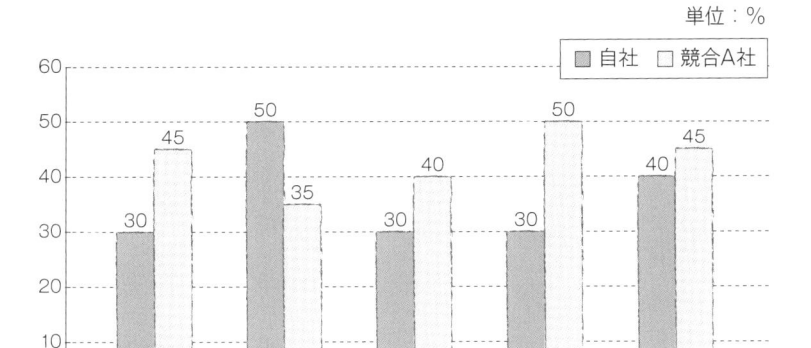

単位：％
■ 自社　□ 競合A社

- 営業活動：30、45
- 商品力：50、35
- 保守メンテナンス：30、40
- 事務対応：30、50
- 総合評価：40、45

図3-43

縦軸：地域チェーン、横軸：全国チェーン

- 酒DSからの売上奪取
- 定番売場の強化
- 販促による販売強化
- 専門性の高いMD強化
- 品揃えの絞込み
- 品揃えの拡大
- クロスMD展開

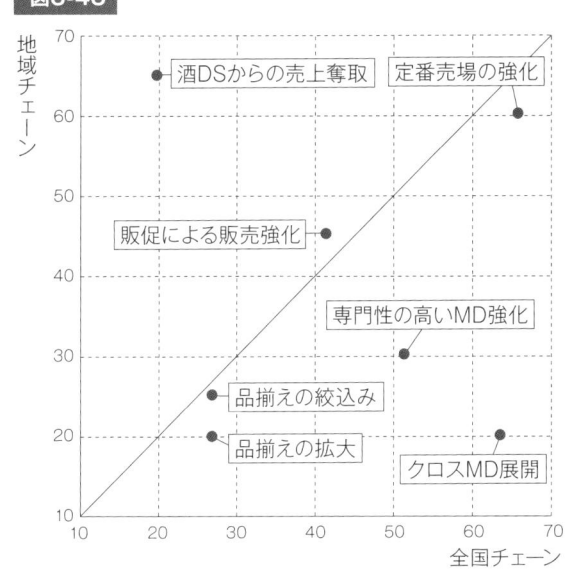

下に位置する項目は全国チェーンに特徴的な経営課題、左上に位置する項目は地域チェーンに特徴的な経営課題となります。「クロスMD展開」は全国チェーンの、「酒DSからの売上奪取」は地域チェーンの経営課

題となります。

　対角線上にあり、比率が高い項目（右上にプロット）は両者に共通して高い経営課題といえます。「定番売場の強化」は全国チェーン、地域チェーンに関係なく、スーパーマーケット全般に共通する大きな経営課題です。

　XYグラフを作図してみて、比較分析する意味合いがあるかどうか確認することもできます。実際の数値で見ると差があるように見えても、XYグラフであまり差がない、右下や左上にプロットされる項目が少ないことがよくあります。比較分析する価値があるかどうか確認するうえでも活用度合が高いグラフです。

③　3つ以上の比較の場合は棒グラフを並べて比較する

　比較する対象が3つ以上ある場合は棒グラフを横に並べて比較します。全体を示すグラフを一番左に置き、細分化した要素のグラフを右に置きます。全体の数値で選択肢を降順に並べ替えます。すると比較したい要素の中で飛び出している項目が見えてきます。

　図3-44は企業の商品コンセプトに記載している項目を複数選択で質問した結果をグラフ化したものです。全体の企業を、Sales志向が強い企業、Marketing志向が強い企業、R&D志向が強い企業に分類し、それぞれの商品コンセプトを構成する項目を比較しています。

　全体では「価格」「商品のポジショニング」という順ですが、Sales志向が強い企業とMarketing志向が強い企業では「商品のポジショニング」への注視が高くなっています。また、Marketing志向が強い企業では「ターゲットの意識・心理特性」と「ターゲットの行動特性」が他の層と比較して特徴的な項目であることが一目でわかります。

図3-44

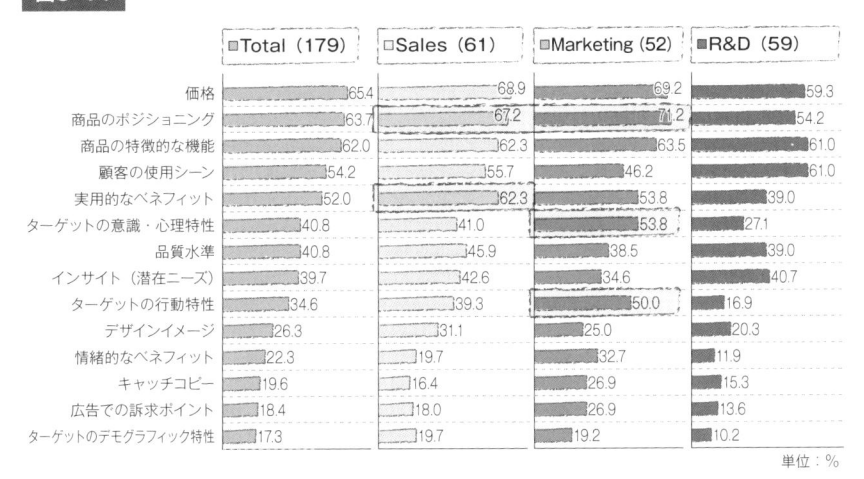

項目	Total (179)	Sales (61)	Marketing (52)	R&D (59)
価格	65.4	68.9	69.2	59.3
商品のポジショニング	63.7	67.2	71.2	54.2
商品の特徴的な機能	62.0	62.3	63.5	61.0
顧客の使用シーン	54.2	55.7	46.2	61.0
実用的なベネフィット	52.0	62.3	53.8	39.0
ターゲットの意識・心理特性	40.8	41.0	53.8	27.1
品質水準	40.8	45.9	38.5	39.0
インサイト（潜在ニーズ）	39.7	42.6	34.6	40.7
ターゲットの行動特性	34.6	39.3	50.0	16.9
デザインイメージ	26.3	31.1	25.0	20.3
情緒的なベネフィット	22.3	19.7	32.7	11.9
キャッチコピー	19.6	16.4	26.9	15.3
広告での訴求ポイント	18.4	18.0	26.9	13.6
ターゲットのデモグラフィック特性	17.3	19.7	19.2	10.2

単位：％

4 因果関係のグラフ表現

① 因果関係を見つけるには散布図が有効

　仮説づくりでは、全体に及ぼす他の要素（変数）を見出すことは非常に重要です。その際に、変数間の関係をビジュアルに表すことができる「**散布図**」が便利です。

　相関関係を表す指標として、相関係数があります。相関係数によって2つのデータ間にどの位の関係性があるのか把握することができます。相関係数は絶対値で0.4以上あるかどうかを判断基準としましょう。

　ただ、相関係数は単なる指標ですので、大切な事項を埋没させてしまうリスクがあります。そういった事柄は散布図によって顕在化されます。そこで、指標に表れない状況を見出すために、散布図を作成することをお勧めします。

　図3-45は、自家用車保有台数をX軸にとり、ガソリンスタンド店舗数をY軸にとった散布図です。

　自家用車保有台数は昭和29年から増加し続けています。それに呼応するようにガソリンスタンドの店舗数も増加しています。自家用車保有台数とガソリンスタンド店舗数の相関係数を求めると0.76という高い数

図3-45

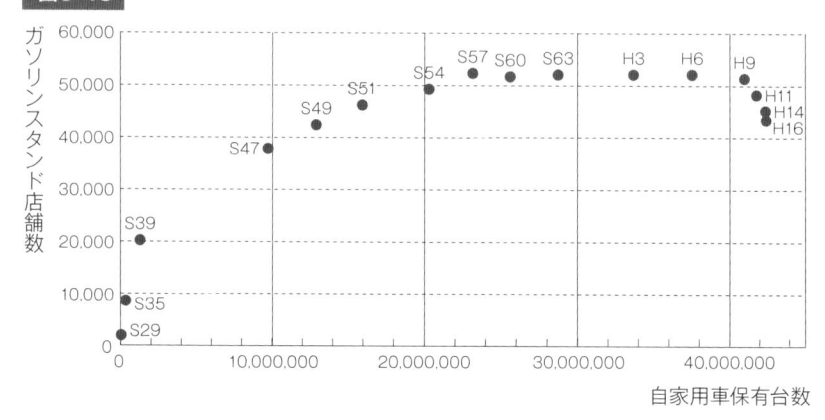

ガソリンスタンド店舗数と自家用車保有台数の散布図。S29、S35、S39、S47、S49、S51、S54、S57、S60、S63、H3、H6、H9、H11、H14、H16の各年のデータがプロットされている。

国土交通省自動車交通局、経済産業省の資料をもとに作成

値です。散布図を作成せずに相関係数だけで自家用車保有台数とガソリンスタンド店舗数の関係を表現すると、「自家用車保有台数が増え続ければ、ガソリンスタンド店舗数は増加し続ける」というメッセージを抽出してしまいます。

　ところが散布図を作成すると、自家用車保有台数の伸びに対して、一定の台数を超えるとガソリンスタンド店舗数は増加の伸びがおさまります。その後、自家用車保有台数が伸びてもガソリンスタンド店舗数が減少してきます。ガソリンスタンドは供給過剰にあり、限界値を超えて出店したことと、原油価格の変動など他の経営環境の変化にも影響を受け、経営合理化を迫られていると捉えることができます。

　このようなことは相関係数だけでは把握できません。散布図を作成してはじめてわかるようになります。

② 散布図作成上の留意点

　散布図はマイクロソフトのエクセルで簡単に作成することができます。
　マーケティングの資料では、散布図を作成する際に、X軸を原因、Y軸を結果として作表することが多く見られます。「そのように作成しなくてはいけない」という決まりはないですが、他の資料がそのように作

成していることが多いので、因果関係を踏まえて作表すると、グラフを見る人にわかりやすく提供できます。

たとえば、広告費と売上高の関係を伝えたい場合には、原因は広告費が該当します。広告費を増加した結果として売上が増加すると考えます。その場合X軸には広告費、Y軸には売上高とします。

column ▶ 気温×ガス料金と気温×電気料金

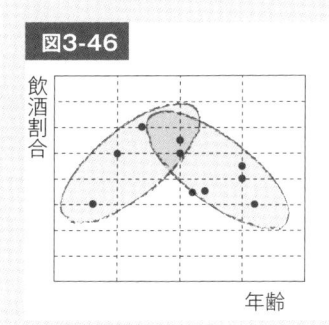

図3-46

相関関係は、データが直線状に集まってくる場合に、「相関関係がある」「ない」と判断しますので、たとえば年齢とともにピークを迎えさらに加齢とともに減少するという関係、たとえば年齢と飲酒習慣という2つのデータは無相関となってしまいます。

　気温とガス料金は相関関係があるといえます。気温が低くなれば暖房や入浴回数が増え、ガス料金が上昇するということです。しかし、気温と電気料金は、気温が低くても高くてもエアコンを使用するので、電気料金は気温が低い場合と同じように気温が高い場合にも上昇し

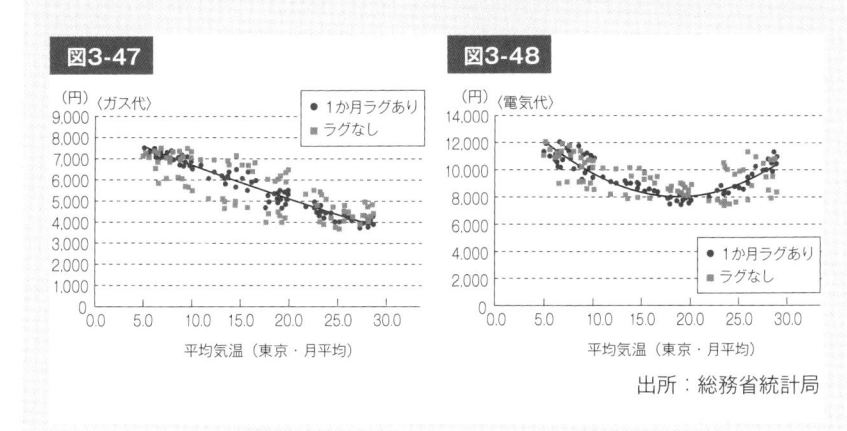

図3-47　図3-48

出所：総務省統計局

ます。

　相関係数はデータが直線上に集まるかどうかということを基準としているので、曲線上にプロットされる2つのデータの相関係数は低くなります。

　散布図を作成することで、上記のような関係性を見逃すことがなくなります。

5　その他のグラフ

①　パレート図で全体に対する影響度合いを明確にする

　データの数と全体の構成比の関係を測る手法として、パレート分析があります。イタリアの経済学者パレートの名に由来する分析方法で、全体の成果に対して貢献度の高い要素の集中度やその偏りを見るものです。売上の8割は全体の2割の顧客からもたらされている、とした20-80の原則などの経験則としても知られています。

　パレート分析のもとには、ABC分析という手法があります。データを降順に並べ、それぞれの構成比と累積構成比を求め、累積構成比が7割までをAランク、95%までをBランク、それ以下をCランクとして分類、管理するというやり方です。これによって重点を置くべきポイントを明確にすることができます。たとえば、顧客管理をする際にAランク顧客との関係性を重点的に強化し、Bランクは重点を置く顧客を選別し、Cランクはいかに効率化するかを検討していくというように活かしていきます。

　パレート分析ではABCランク別に全体成果における構成比を合わせて表示することで、活動全般を見直すことに活用することができます。

　まずはデータ全体をABC分析し、全体のデータを「Aランク」「Bランク」「Cランク」に分類します。そのうえで、ランク別のデータ数の構成比と結果データの構成比を求め、グラフ化していきます。

　たとえば、食品メーカーが取引しているスーパーマーケットのパレート分析を行うと図3-49のようなグラフとなります。これによると、全体の20%の「Aランク」の顧客は全売上の7割を稼ぎ出しています。「Bランク」を加えると、全体の50%の顧客が売上の95%を稼いでいると

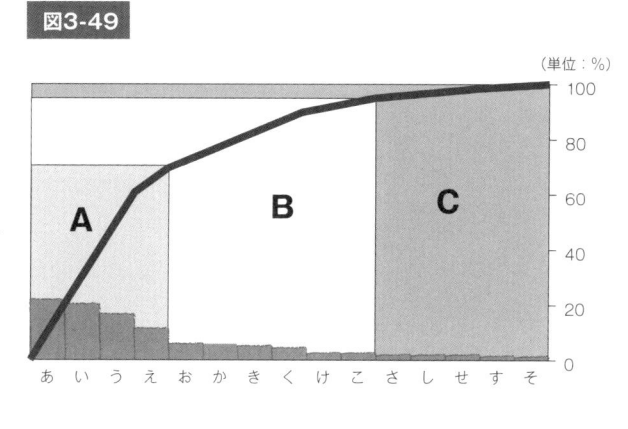

みます。

　売上高をもたらす顧客が集中しており、あまり売上貢献していないCランクとの取引が気になります。こうした場合の施策として、「①Aランク顧客からの売上をさらに伸ばす」「②Bランク顧客とCランク顧客をテコ入れする」「③Cランク顧客の取引を厳選し効率化をはかる」などのオプションが考えられます。

　こうしたときに考えなければならないのは、顧客のポテンシャルです。仮にAランク顧客からの売上を伸ばす余地がかなりあるのであれば①が有効な施策となりますが、Aランク顧客からの売上が既に上限に近いと思われるのであれば②の施策を考えなくてはなりません。仮に、現在Cランクであっても他社にない高いポテンシャルがあれば、取引を深耕していくことも視野に入れます。

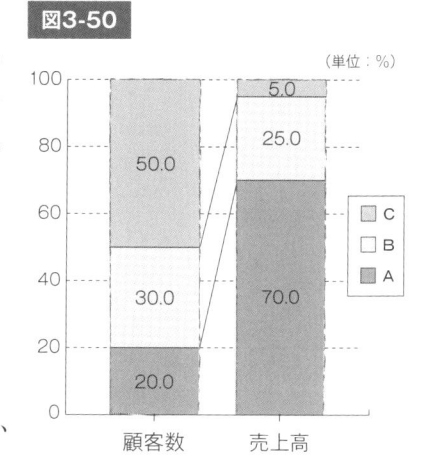

　パレート分析は自社内の情報がもとになりますので、顧客内シェアの観点も考慮して施策を検討しなくてはなりません。そういったことは時系列にパレートを並べて検討することで見出すことが可能となります。

　セブン＆アイホールディングスの鈴木敏文会長はABC分析の限界について、著書『鈴木敏文の統計心理学』（日経ビジネス人文庫）の中で、「実績分析だけではなく、時間軸で

図3-51

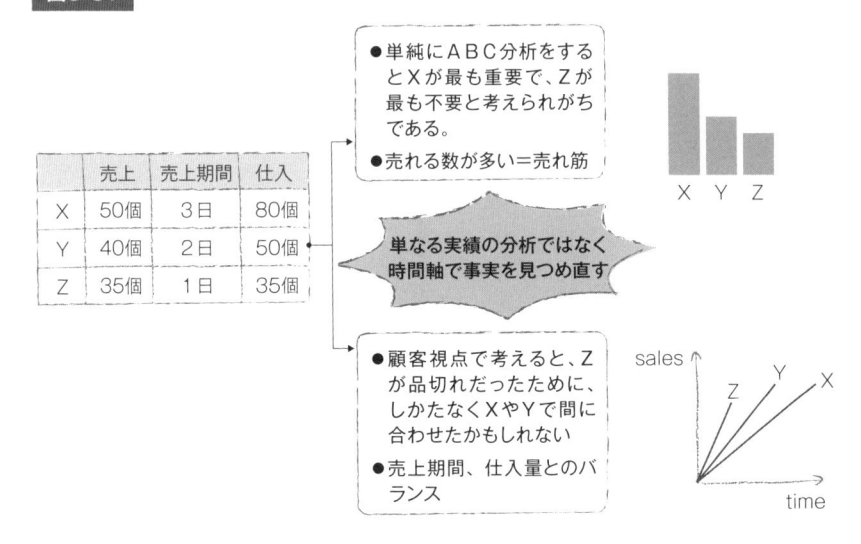

	売上	売上期間	仕入
X	50個	3日	80個
Y	40個	2日	50個
Z	35個	1日	35個

- 単純にABC分析をするとXが最も重要で、Zが最も不要と考えられがちである。
- 売れる数が多い＝売れ筋

単なる実績の分析ではなく時間軸で事実を見つめ直す

- 顧客視点で考えると、Zが品切れだったために、しかたなくXやYで間に合わせたかもしれない
- 売上期間、仕入量とのバランス

の分析が必要」としています。

　図3-51のXYZ商品を単にABC分析すると、Z商品は売れ行きがよくないのでカットの対象となります。ところが、時間軸を考慮すると、Z商品は1日で仕入れた35個すべてが売れたことがわかります。Z商品を買い求めて来店した顧客が、売り切れのため、Y商品やX商品を仕方なく購入したと推察することができます。このようにABC分析は実績面だけを示し、時間軸や仕入個数などの前提条件を埋没させてしまう性格を持っています。

　パレート分析やABC分析は、その状態を表すのに便利な手法ですが、その他の周辺情報を消してしまうという特性があることに留意しておきましょう。

② 時系列に構成比を求めるときには円グラフよりも帯グラフのほうが読み取りやすい

　構成比を表すには、円グラフや帯グラフがあります。ある特定の時点を示すのであれば、帯グラフよりも円グラフのほうが見やすいかもしれません。

第3章 統計データの分析の仕方

図3-52 円グラフ

円グラフは軸が1つしかない。
時系列を表現するなら帯グラフ
がわかりやすい。

2009年　2010年　2011年

図3-53 縦帯グラフ

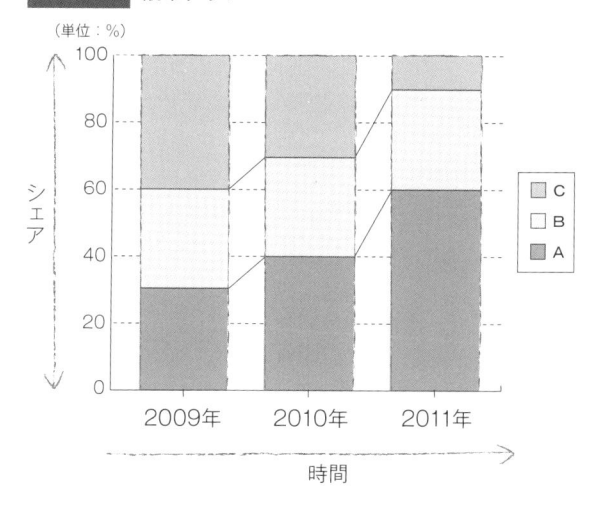

ただし、時系列の構成比の推移を見ていくには、帯グラフが推移を把握しやく、適切です。

6　グラフの読み取りにはココに注意する

① 基準年を100としたグラフの読み取り

ある年を100と基準にしたときにどの程度増加したのか、または減少したのかを表しているグラフを見かけることがあります。こういったグ

ラフには注意が必要です。図3-54は商品P、商品Qの売上数量について2003年を100としたグラフです。このグラフを見ると、「商品Pの伸び率は商品Qよりも高く、年々増加傾向にある」と読み取ってしまいます。

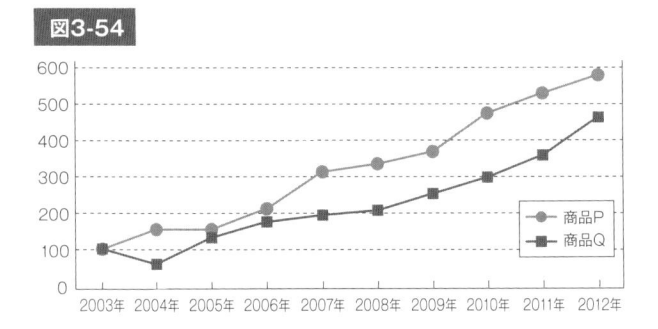

図3-54

ところが2004年を基準値100とするとどうなるでしょうか（図3-55）。なんと、商品Qの折線が商品Pよりも上に推移してしまいました。

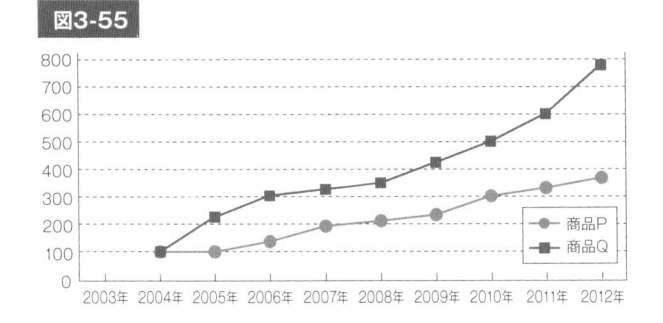

図3-55

このようにある年を基準（100）としてグラフを読み取る場合には注意が必要です。消費税が導入された年やリーマンショックなど基準とする年に意味があるのであれば別ですが、それ以外にはグラフを疑ってかかる注意が必要です。

② グラフの角度に気をつける

グラフの角度にも気をつけましょう。グラフのコメントとして、「商

品Aは近年増加しているだけではなく、増加スピードも増している」。このような表現を見かけることがあります。ここ2年間グラフの角度がついているので、増加スピードがついていると読み取ってしまいます（図3-56）。

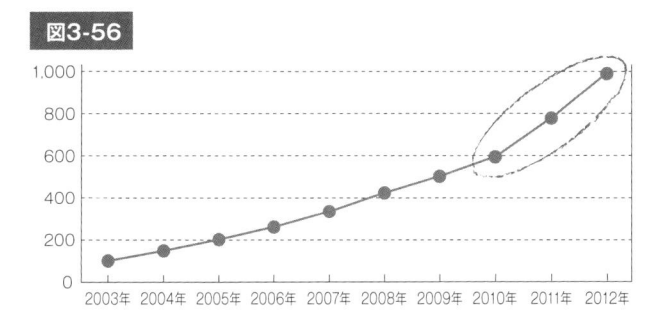

図3-56

ところが前年に対する増加率を計算すると2011年、2012年よりも2004年、2005年のほうが高いのです（図3-57）。

図3-57

	売上高	前年増加率
2003年	90	―
2004年	145	53%
2005年	200	38%
2006年	260	30%
2007年	340	31%
2008年	420	24%
2009年	500	19%
2010年	600	20%
2011年	780	30%
2012年	1000	28%

これは折線グラフによる弊害ですので、増加スピードに着目したい場合は前年増加率を計算してみることが必要です。

③ 縦軸に気をつける

グラフの機能として、要素間の差異が出るように、軸の数値を自動で設定しているものがあります。そのため、次ページにあるようなグラフを見かけます。軸の取り方に注意しましょう。

図3-58は軸の目盛が1000～1050の範囲にあるので、いかにも右肩上がりの成長をしているように見えますが、950～1050の目盛にした図3-59では差ほどの変化があるようには見えません。さらに、目盛を0～1050とすると、ほとんど横ばい状態に見えます（図3-60）。

図3-58 単位：億円

年	金額
2000年	1005
2001年	1008
2002年	1010
2003年	1012
2004年	1015
2005年	1020
2006年	1025
2007年	1040
2008年	1045
2009年	1040
2010年	1048

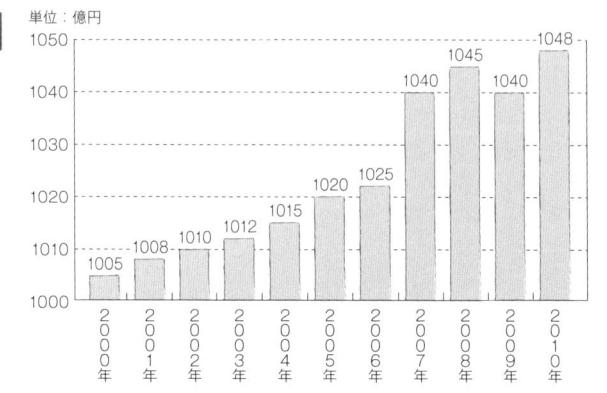

図3-59 単位：億円

年	金額
2000年	1005
2001年	1008
2002年	1010
2003年	1012
2004年	1015
2005年	1020
2006年	1025
2007年	1040
2008年	1045
2009年	1040
2010年	1048

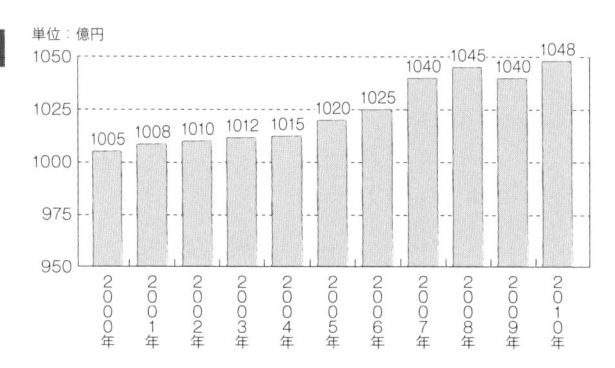

図3-60 単位：億円

年	金額
2000年	1005
2001年	1008
2002年	1010
2003年	1012
2004年	1015
2005年	1020
2006年	1025
2007年	1040
2008年	1045
2009年	1040
2010年	1048

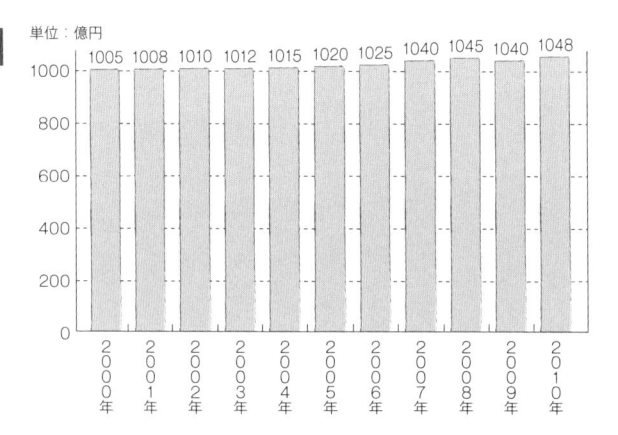

ケース3 20代が保険に加入しない理由

　国内生命保険市場では加入者の減少が経営課題にあげられています。中でも30歳未満の若年層の加入率の低下を問題視している会社が多くあります。
　若年層の加入率低下の要因を仮説として考えてみましょう。
　まず思い当たるのが「晩婚化」です。総務省国勢調査によると20代後半、30代前半の未婚率は年々増加しています。
　保険に加入する理由として、「万一の時の家族の生活保障のため」が多く、婚姻をきっかけにして保険加入する人が多く、晩婚化は若年層の保険非加入の大きな要因であると考えられます。

図3-61

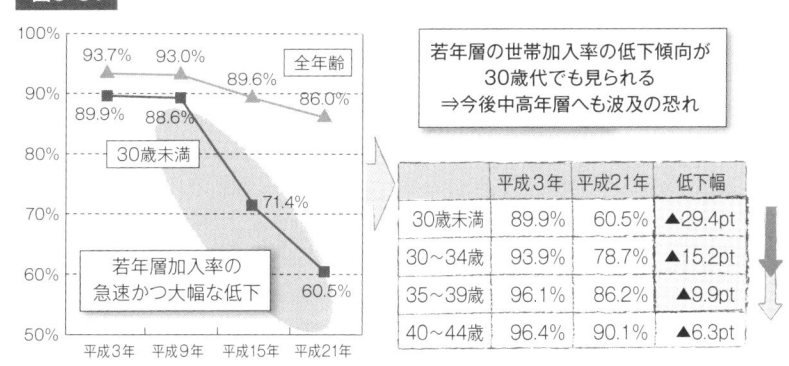

全年齢: 93.7% → 93.0% → 89.6% → 86.0%
30歳未満: 89.9% → 88.6% → 71.4% → 60.5%
（平成3年／平成9年／平成15年／平成21年）

若年層加入率の急速かつ大幅な低下

若年層の世帯加入率の低下傾向が30歳代でも見られる
⇒今後中高年層へも波及の恐れ

	平成3年	平成21年	低下幅
30歳未満	89.9%	60.5%	▲29.4pt
30～34歳	93.9%	78.7%	▲15.2pt
35～39歳	96.1%	86.2%	▲9.9pt
40～44歳	96.4%	90.1%	▲6.3pt

出所：生命保険文化センター「平成21年度　生命保険に関する全国実態調査」

図3-62 年齢別未婚率の推移

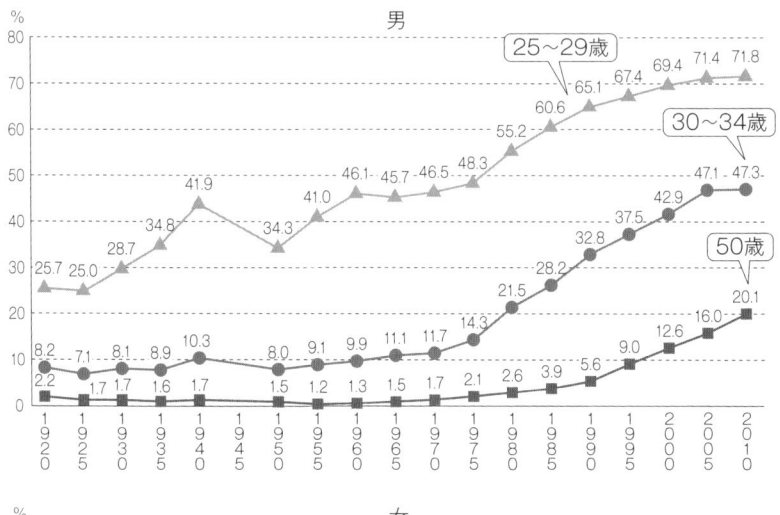

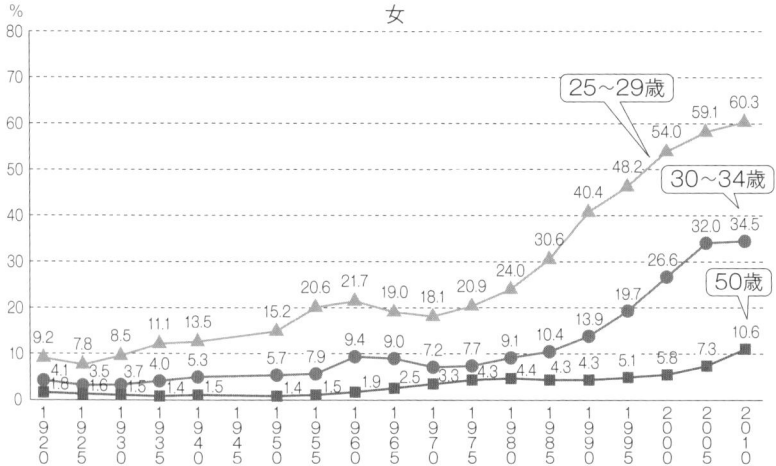

男

年	25~29歳	30~34歳	50歳
1920	25.7	8.2	2.2
1925	25.0	7.1	1.7
1930	28.7	8.1	1.7
1935	34.8	8.9	1.6
1940	41.9	10.3	1.7
1945			
1950	34.3	8.0	1.5
1955	41.0	9.1	1.2
1960	46.1	9.9	1.3
1965	45.7	11.1	1.5
1970	46.5	11.7	1.7
1975	48.3	14.3	2.1
1980	55.2	21.5	2.6
1985	60.6	28.2	3.9
1990	65.1	32.8	5.6
1995	67.4	37.5	9.0
2000	69.4	42.9	12.6
2005	71.4	47.1	16.0
2010	71.8	47.3	20.1

女

年	25~29歳	30~34歳	50歳
1920	9.2	4.1	1.8
1925	7.8	3.5	1.6
1930	8.5	3.7	1.5
1935	11.1	4.0	1.4
1940	13.5	5.3	1.5
1945			
1950	15.2	5.7	1.4
1955	20.6	7.9	1.5
1960	21.7	9.4	1.9
1965	19.0	9.0	2.5
1970	18.1	7.2	3.3
1975	20.9	7.7	4.3
1980	24.0	9.1	4.4
1985	30.6	10.4	4.3
1990	40.4	13.9	4.3
1995	48.2	19.7	5.1
2000	54.0	26.6	5.8
2005	59.1	32.0	7.3
2010	60.3	34.5	10.6

(注) 配偶関係未詳を除く人口に占める構成比。50歳時の未婚率は「生涯未婚率」と呼ばれる（45~49歳と50~54歳未婚率の平均値）。

出所：総務省国勢調査（2005年以前「日本の長期統計系列」掲載）

　確かに「生命保険加入率」と「未婚率」を比較すると相関関係がありそうです。未婚率と生命保険加入率を1つのグラフにまとめてみました（図3-64）。未婚率が上昇すると生命保険加入率は減少しています。データの抽出時期（サイクル）の違い、対象年代の範囲

図3-63 直近加入契約（民保）の加入目的（複数回答）

(%)

	医療費や入院費のため	万一のときの家族の生活保障のため	万一のときの葬式代のため	災害・交通事故などにそなえて	老後の生活資金のため	子供の教育・結婚資金のため	貯蓄のため	介護費用のため	万一のときのローン等の返済のため	税金が安くなるので	相続および相続税の支払を考えて	財産づくりのため	土地・家屋の取得・増改築のため	その他	不明
平成24年調査 (平成19～24年に加入)	59.6	51.7	13.7	8.8	8.6	8.6	6.7	3.1	1.9	1.4	0.9	0.8	0.1	1.5	0.7
平成21年調査 (平成16～21年に加入)	59.7	53.8	13.1	12.0	8.2	9.2	4.6	2.8	2.7	1.9	0.9	0.9	0.9	0.9	1.1
平成18年調査 (平成13～18年に加入)	59.5	54.4	12.8	14.1	7.9	7.2	4.9	3.3	2.6	1.9	1.3	0.7	0.3	1.5	0.9
平成15年調査 (平成10～15年に加入)	56.3	60.5	12.5	19.4	8.9	10.9	7.1	4.4	2.9	1.8	0.3	0.3	0.3	0.7	0.3
平成12年調査 (平成7～12年に加入)	54.6	60.3	11.1	24.4	12.2	11.3	7.9	3.3	3.9	2.4	1.1	0.4	0.2	0.7	0.1

＊かんぽ生命を除く

の違い（生命保険加入率は30歳未満、未婚率は25～29歳）はありますが、一定の関連があると考えられます。

ただ、晩婚化以外にも何か原因があるのではないかと考えられないでしょうか。

1997年から2003年の6年間の加入率の低下は著しいものがあります。ここに何かヒントがあるのではないかと考えます。この6年間には消費税が3％から5％に引き上げられ、大手証券会社の倒産などが起こった時期で、就職氷河期の時期と重なります。

図3-64

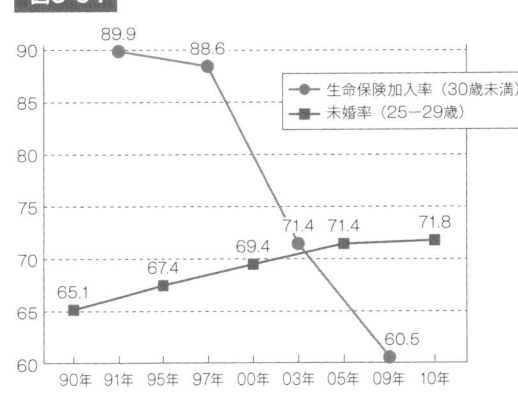

折れ線グラフ：
- 生命保険加入率（30歳未満）：90年 89.9、97年 88.6、03年 71.4、09年 60.5
- 未婚率（25-29歳）：90年 65.1、95年 67.4、00年 69.4、05年 71.4、10年 71.8

若者にとって社会

図3-65

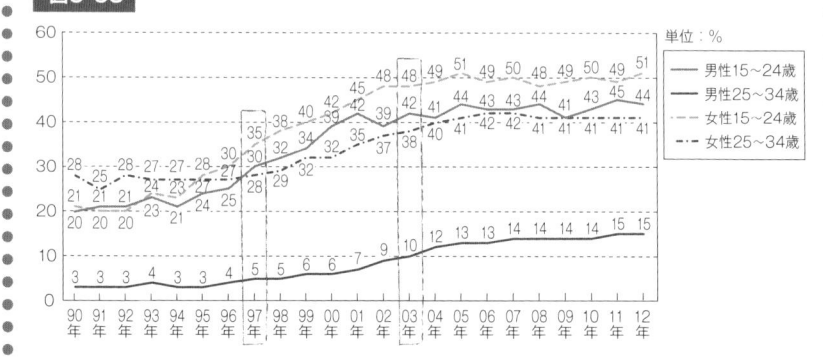

的な不安感が高まり、長期の備えである保険よりも、現実的な今日明日をいかに生活していくべきかを考えることが意識の中心にあったのではないか、と類推できます。

非正規雇用の比率を示すデータを厚生労働省の資料から入手しグラフを作成してみると、97年から2003年までの間に非正規雇用比率が15〜24歳の男女、25〜34歳の女性において10%程度、25〜34歳の男性では5%増加しています（図3-65）。

晩婚化も、非正規雇用の増加に代表される社会的な不安感による結果として捉えることができるかもしれません。96年までは正規雇用比率が高く、生活も安定していました。こうした時代には、若年層にも保険が受け入れられていました。

その他、個人情報保護やセキュリティ強化の流れが高まり、保険会社の営業員が顧客の職場で営業活動しにくい環境になってきたという要因も考えられます。

さまざまな要因によって若年層の保険加入は低下していますが、商品の特徴としては、雇用環境が厳しい社会的な不安感が高い時代に合った保険が求められていると考えられます。

第4章

集めたデータで仮説をつくる

1 統計データを再検証するためのワザ

　第4章は収集したデータから仮説をつくるプロセスについて解説していきます。

　前述した仮説づくりの3つの要素「Finding」「Focus」「Factor」をおさらいしておきましょう。

Finding：データから意味合いを掴む
Focus：Findingした事項からそのデータの特徴的なポイントを見出す
Factor：Focusされた特徴的なポイント（特異点）からその要因を分析する

　上記の3つ要素を含んだ仮説設定のプロセスは、以下のとおりです。

図4-01

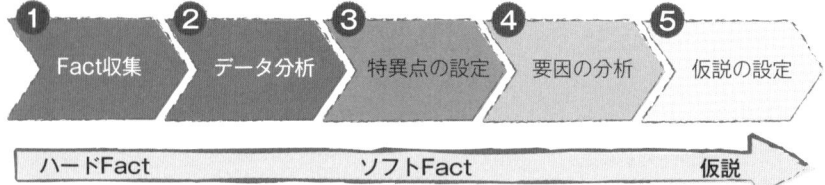

① Fact収集 → ② データ分析 → ③ 特異点の設定 → ④ 要因の分析 → ⑤ 仮説の設定

ハードFact　　　ソフトFact　　　仮説

■膨大な収集データから「何がポイントなのか？」を導き出すためには定量分析から特異点を見出すことが重要

❶ データからFactを収集する（Fact一覧）
❷ Factから「何が言えるか」メッセージを読み取る（Finding）
❸ 特異点を設定する（Focus）
❹ 要因を分析する（Factor）
❺ 仮説を設定する（特異点をもたらす背景、状況を設定する…状況仮説）

1　集めたデータを確認する

収集したデータを、調査設計上と設問上の観点で確認をします。
【調査設計上の観点】
① サンプル数…サンプル誤差に耐えられるサンプル数であるか（57ページ「サンプル誤差早見表」を参照）
② 標本抽出法…確率標本であるか
③ 母集団…回答者の属性が、対象としている母集団の縮図となっているか
④ 調査年月…他の調査結果と比較する場合に前後しているものはないか
⑤ 回収率…60％以上あるか
⑥ 調査方法…調査目的と合致した調査方法であるか

【設問上の観点】
⑦ ダブルバーレル…ひとつの設問で2つのことを訊ねていないか。たとえば、「弊社商品の品質や価格は満足いただけましたか？」と訊くと、品質には満足しているが価格には満足していない人は、満足か不満足か回答するのに悩んでしまいます。こういった設問の回答結果は信憑性が低くなってしまいます。
⑧ キャリーオーバー効果…前の設問での回答を肯定する言動を取りやすい設問がないか。たとえば、「あなたはコツコツと貯金をするタイプですか？」という設問で「はい」とした回答者に、「欲しいモノがあると我慢ができずについ買ってしまう」と質問すると「いいえ」と答えやすくなります。
⑨ 回答への誘導…「最近、風力や太陽光など自然エネルギーが生活に役立っていますが…」という設問のあとで、「自然エネルギーの重要性」について訊ねると、「重要である」の回答を導きやすくなります。
⑩ 適切な設問数…設問数が多すぎると回答するのに時間がかかり、途中で回答がいいかげんになったり、設問の意図を理解できなく

なったりします。経験則ですが、回答者の負担を考えると20問以内が適切です。

⑪ **選択肢が多すぎないか**…選択肢が多すぎると、すべての選択肢の意味合いを理解することができなくなります。選択肢数は15程度が適切です。

負担を感じず丁寧に回答できる質問数：平均18.6問
途中で回答をやめてしまう質問数：平均44.5問
負担を感じず回答できる1問あたりの選択肢数：平均15.0個

2006年5月　マクロミル調べ

2　Fact一覧表をつくる

　データを収集したら、資料をそのままファイリングするのではなく、Indexとして一覧表を作成しましょう。データは用紙サイズもまちまちですし、枚数も違います。グラフがあるものとないものなど形式が異なります。データの精度が高いか低いかも、そのままの状態では比較するのが困難です。図4-02のように、端的にFactを記し、具体的な数値、出典資料を明確にしておくと、他のメンバーとFactを共有することができます。後々資料を検索するうえでも便利になります。

　分類欄はFactがハードなモノなのか、ソフトなモノなのかを記入します。データを収集した段階で、Factの精度についてマークしておくと一目で確認でき、後のステップである特異点の設定をする段階でも活用しやすくなります。

　なお、図4-02は、あるオフィス家具メーカーで仮説設定を実施した際のFact一覧表です。収集時間は述べ2日間、すべての情報をインターネットの検索と国会図書館から得ています。

第4章 集めたデータで仮説をつくる

図4-02 オフィス市場のFact一覧

No	Fact	概要（定量的なエビデンス）	資料	分類
1	平成24年の事業所数は平成21年比6％減少の580万事業所	平成21年は620万事業所→平成24年は580万事業所	平成24年経済センサス	ハード
2	従業員規模300人以上では平成21年比2％の増加	平成21年は11,908事業所→12,187事業所 従業員規模300人未満の事業所はすべて減少傾向にある	平成24年経済センサス	ハード
3	東京の事業所数は平成21年比7％減少の71万事業所	全国都道府県では1位：東京71万事業所（全国の12％） 2位：大阪45万事業所（全国の8％） 3位：愛知33万事業所（全国の6％）	平成24年経済センサス	ハード
4	業種別の事業所では、平成21年比増加しているのは「医療福祉」のみ	平成21年34万事業所→平成24年35万事業所 規模が大きいのは、1位：卸売・小売業156万事業所 2位：宿泊、飲食サービス71万事業所 3位：建設業53万事業所	平成24年経済センサス	ハード
5	東京23区大規模ビルの平均空室率は改善傾向にあり7.8％	2012年10月：7.8％→2013年1月：7.6％ 大規模ビルはワンフロアの貸室面積が200坪以上のビル	株式会社オフィスビル総合研究所	ハード
6	新規賃貸予定「有り」1ポイント増加の23％で4年連続2割超	「新規賃貸意向あり」2010年：23％→2011年22％→2012年23％	2012年東京23区オフィスニーズに関する調査	ハード
7	新規賃貸予定「有り」業種別では、「製造業」の伸び率が高い	金融・保険：26％→20％ 非製造業：24％→24％ 製造業：15％→19％	2012年東京23区オフィスニーズに関する調査	ハード
8	オフィス面積の拡大縮小割合は「拡大」が54％と前年比増加	拡大：2011年50％→2012年54％ 縮小：2011年22％→2012年17％	2012年東京23区オフィスニーズに関する調査	ハード
9	都心3区の人気が高い（千代田・中央・港）	新規賃貸予定「有り」の中で都心3区は77％が希望している	2012年東京23区オフィスニーズに関する調査	ハード
10	新規賃貸理由1位は「耐震性の優れたビルに移りたい」増加傾向	2010年：15％ 2011年：35％ 2012年：40％	2012年東京23区オフィスニーズに関する調査	ハード
11	新規賃貸理由2位は「賃料の安いビルに移りたい」減少傾向	2010年：43％ 2011年：38％ 2012年：36％	2012年東京23区オフィスニーズに関する調査	ハード

No	Fact	概要（定量的なエビデンス）	資料	分類
12	新規賃貸理由3位は「業容・人員拡大」で昨年より微減	2010年：28% 2011年：36% 2012年：34%	2012年東京23区オフィスニーズに関する調査	ハード
13	BCP策定割合は増加傾向	2011年4月：策定済35%、策定予定41%→2012年11月：策定済50%、策定予定27%	2012年東京23区オフィスニーズに関する調査	ハード
14	現状のオフィス環境の満足度で「社員の働き方」の満足低い	立地：満足26%、空間・内装・家具：18%、建築・設備：13%、ICTツール、情報基盤：2.6%、社員の働き方：2.6%	JOFA経営者アンケート調査報告	ソフト
15	人材育成投資の意向が高い	人材育成1位21%、安心安全投資1位10%、海外進出投資1位6%、オフィス投資1位2%	JOFA経営者アンケート調査報告	ソフト
16	オフィス改善時の重点項目は「安全性」と「モチベーション」	1位耐震性能など安全性確保20%、2位社員のモチベーション向上18%	JOFA経営者アンケート調査報告	ソフト
17	今までのオフィス作りの視点は「個人」「チーム」の順	個人―チーム―CSR：43% チーム―個人―CSR：24%	JOFA経営者アンケート調査報告	ソフト
18	今後のオフィス作りの視点は「個人」と「チーム」の重視度高い	チーム―個人―CSR：29% 個人―チーム―CSR：30%	JOFA経営者アンケート調査報告	ソフト
19	オフィス家具販売動向は改善傾向	2008年　2804億円→09年　2129億円→10年　2179億円→11年　2195億円	日本オフィス家具協会HP	ハード

3　集めたデータから意味合いを見出す

　データを収集しても、そのままでは知見は得られません。Factデータから意味合いを見出すFindingが重要なプロセスとなります。

　FactとFindingの関係を今一度確認してみましょう。Factは事実、Findingは発見という意味ですので、「事実から価値ある知見を発見する」がFact-Findingの意義となります。Factを見て、「なぜそうなっているのか？」「その背景には何があるのか？」「この傾向が進展するとどういう状況になるのか？」などと自問自答することでFindingの目が養われます。

　Findingしたものは、どのFactから考察したものなのかがわかるように、Fact‐Finding表にまとめておきましょう。

第4章 集めたデータで仮説をつくる

図4-03 Fact - Finding表の例

	Fact	Finding
トレンド分析	過去から現在においてどのような状況にあるのか傾向を把握する	これまでの傾向を読み取り、今後の変化を予測していく トレンドデータを増減させる要因を、過去の傾向から見出す
	（例）ビールの売上は1992年をピークとして減少し続け、現在も減少傾向が続いている	（例）今後もビールの売上は減少傾向が続く
	（例）低価格商品の参入によって需要が維持している	（例）ビールは、価格訴求によってかろうじて売上水準を維持しているカテゴリーである
比較分析	全体をいくつかに分類し、分類したセグメント毎の差異を抽出する	セグメント毎の差異から全体傾向に及ぼす影響を明確にする
	（例）男女別ではビールの飲用量の差が大きく、近年女性の飲用量の減少が著しい	（例）女性は飲酒習慣のある人が少なく、飲酒に対する抵抗感（ボトルネック）をなくす取り組みが必要である
相関分析	目的とする変数に影響を及ぼす変数を探索し、変数間の関係性を見出す	相関関係が因果関係であるかを検証し、市場の状況を把握する
	（例）ビールの売上数量と酒類の銘柄数には相関関係がみられた（逆相関）	（例）アルコール度数の低い飲みやすい酒類が増加しているので、結果として女性のビール選択率が減少している

　1つのFactからFindingする方法といくつかのFactを組み合わせてFindingする方法の2つのアプローチがあります。ロジカルシンキングで「So What」という手法があります。「データから何が言えるのか？」「だから何なのか？」という問いに対する「要するに○○」という形式で考察していく手法です。

図4-04　オフィス市場のFact - Finding表

Fact	Finding
平成24年の全国の事業所数は平成21年比6%減少の580万事業所となっている	● 倒産や廃業、統合等により事業所数が減少していると考えられる
平成24年の全国の従業員規模300人以上の事業所数は平成21年比2%増加している	● 大企業では、分散していたオフィスを集中させ、業務効率を向上させようと考えている
東京の事業所数は平成21年比7%減少の71万事業所となっている	
オフィス面積の拡大縮小割合は「拡大」が54%と前年比増加している	
経営者に対するオフィス環境に対する満足度で「社員の働き方」の満足度が低い	● 経営者は、従業員の生産性向上や創造性に期待している
経営者は人材育成投資の意向が高い	
今までのオフィス作りの視点は「個人」「チーム」の順	● 経営者は、個人からチーム視点へ重点が変化する傾向にある
今後のオフィス作りの視点で「個人」と「チーム」に重点が置かれている	● 個人業務とチーム業務を明確に分離して効率を高めたいと考えている

column ▶ ロジックツリーで全体状況を整理する

　多くの情報が集まると、何を言いたいかわからなくなってしまうことがあります。1つ1つの情報を集約してツリー構造にして積み上げることで、全体の状況を理解することができます。構造化したチャートによって、表現力も増します。

　キーワードは「要は何なのか？」です。1つ1つの情報を見て「データから何が言えるのか？」を考え、上位のメッセージを作ります。そしていくつかのメッセージを合わせて、そこから何が言えるのか、さらに上位のメッセージを考えて集約します。このプロセスを繰り返し、最終的に1つのメッセージに集約します。

　ツリーが完成した後に、上位のメッセージが「なぜそう言えるのか？」と質問したときに、下位のメッセージがその答えとなっているという上位下位の関係になっているかを確認をしましょう。

第4章　集めたデータで仮説をつくる

　図4-05はシニア市場の概況をロジックツリーでまとめたものです。ツリーの左側が上位下位の構造として成り立っているか検証してみましょう。
　上位メッセージ「60歳以上には高いバイイングパワーが期待できる」がなぜそう言えるのか？→「マスとして充分なボリュームが期待できる」から→「経済的な余裕があり、潜在的な消費力が期待できる」から→「自分が商品の良さを認め、気に入ると複数回購入する」から……と説明がつきます。上位下位の構造となっていることを確認できました。

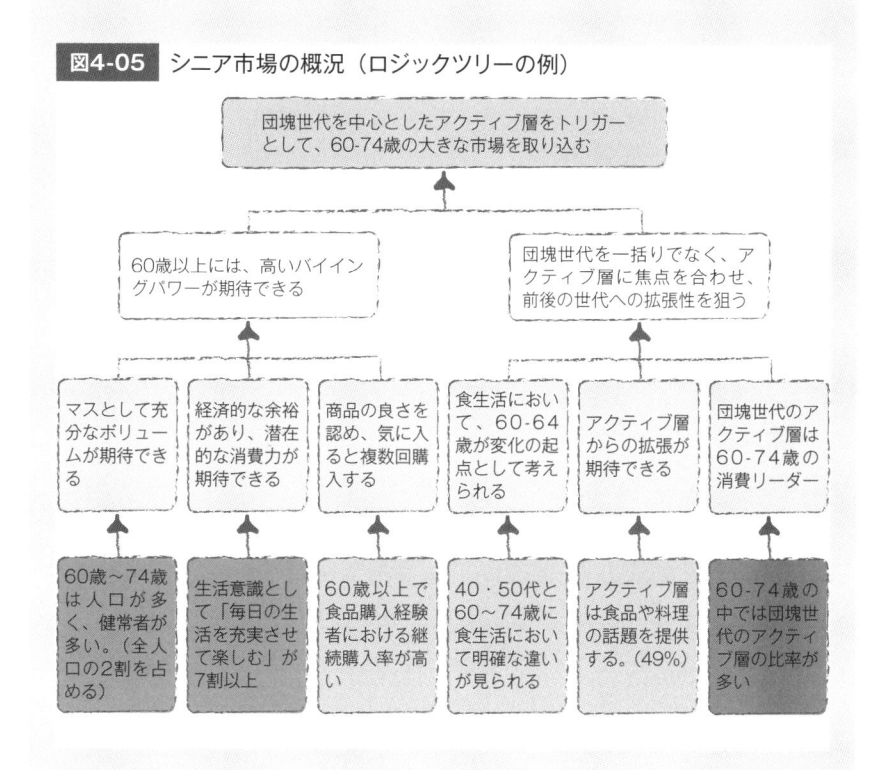

図4-05 シニア市場の概況（ロジックツリーの例）

```
                団塊世代を中心としたアクティブ層をトリガー
                として、60-74歳の大きな市場を取り込む
                                │
         ┌──────────────────────┴──────────────────────┐
  60歳以上には、高いバイイン              団塊世代を一括りでなく、ア
  グパワーが期待できる                    クティブ層に焦点を合わせ、
                                         前後の世代への拡張性を狙う
         │                                      │
  ┌──────┼──────┬──────┐              ┌──────┼──────┬──────┐
マスとして充  経済的な余裕  商品の良さを  食生活におい  アクティブ層  団塊世代のア
分なボリュー  があり、潜在  認め、気に入  て、60-64   からの拡張が  クティブ層は
ムが期待でき  的な消費力が  ると複数回購  歳が変化の起  期待できる    60-74歳の
る            期待できる    入する        点として考え              消費リーダー
                                          られる
  │            │            │            │            │            │
60歳～74歳   生活意識とし  60歳以上で   40・50代と  アクティブ層  60-74歳の
は人口が多   て「毎日の生  食品購入経験  60～74歳に  は食品や料理  中では団塊世
く、健常者が  活を充実させ  者における継  食生活におい  の話題を提供  代のアクティ
多い。(全人   て楽しむ」が  続購入率が高  て明確な違い  する。(49%)  ブ層の比率が
口の2割を占   7割以上       い            が見られる                  多い
める)
```

131

2 特異点は何かを見極める

1 特異点にFocusする

　Factを収集し、Findingをしたら、その中から特異点（特徴となるポイント）を設定します。

　Findingの作業ではまだ情報が拡散しています。そこで、顧客が置かれている状況を仮説として設定するために、焦点を絞っていく（Focus）必要があります。

　人には「発散・拡散する思考」と「収束する思考」の両面がありますが、仮説を設定するには、発散・拡散と収束を繰り返し思考していくことが求められます。情報収集することで発散・拡散した情報を、収束思考で絞り込むことによって、深い洞察が可能となります。

　Focusの意義は、全体の状況を細分化して見る（洞察）ことによって、他と異なる特徴的な事象に着目し、具体的な状況や将来の状況を類推することにあります。全体を見ていてはわからないことも、細分化して要素を細かく見ることによって、具体的な事象を発見することができます。

　ところで、鳥の目は広く大きな空を一望できるようにできています。鳥の目のように全体を見ることは長期間のマクロな環境を把握することに役立ちます。一方、虫の目は広い世界を眺めることはできませんが、目の前のチャンスやピンチに気づくようにできています。これをビジネスにたとえれば、現実世界を生き抜くための情報を収集、現状に合致した行動をするのに適しています。

　マーケティングでは長期的な将来を見据え、事業の方向性を捉える「鳥の目」と、現実の状況を捉える「虫の目」の両方が必要です。

Focusすることは全体長期の環境を見据えたうえで、特徴的な要素に着目し、細かく事象を洞察していくことに他なりません。

　Focusの着眼点としては、大きな流れの中に見られる「変化変節点」、他のトレンドと比較して異なる動きをしている「異常値」に着目します。Focusのアプローチとして「全体がシュリンクしている中で伸びている商品やブランド」「トレンドを変える変化変節点」「これまでと異なる志向や形態を表す要素」「他のセグメントと違った動きをしているセグメント」の4つを代表例として取り上げます。

① 全体がシュリンクしている中で伸びている商品やブランド

　カテゴリー全体の市場規模が縮小している中でも成長している商品やブランドがあります。そうしたカテゴリーに着目し、その要因を考察していくことで、カテゴリーに対する顧客の状況を把握することができます。

図4-06 ビール類総市場（2003〜2013年）

（ビール・発泡酒・新ジャンルは課税出荷数量ベース
2013年ビール類総市場および各年のプレミアムビールシェアはサントリー推計）

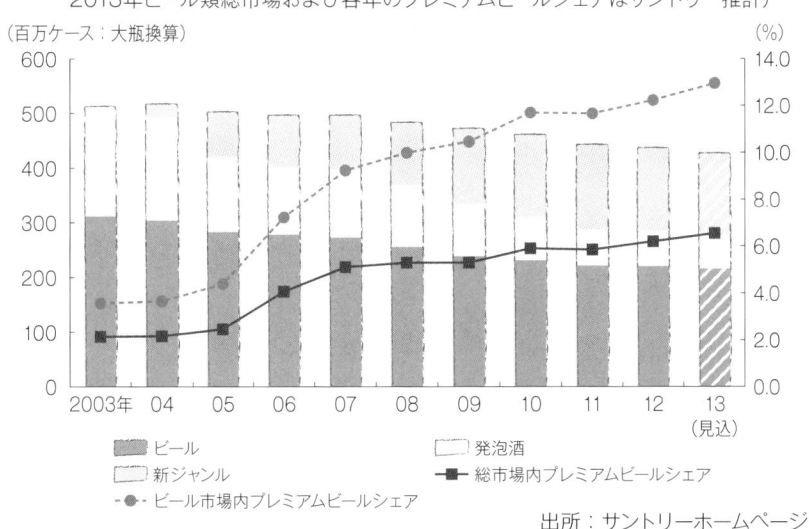

出所：サントリーホームページ

たとえば、ビール系飲料は1992年をピークとして年々低減傾向にあります。その中にあってサントリープレミアムモルツやヱビスビールなどのプレミアムビールは市場規模を拡大しています。そこで、プレミアムビール市場の拡大を要因分析すれば、ビール系飲料の市場の状況を把握するうえで有効な分析が期待できます。

② トレンドを変える変化変節点

長期間のトレンドデータの中で、成長している商品カテゴリーに着目することは、顧客の生活環境の変化や、嗜好の変化を把握するうえで重要な示唆を与えてくれます。

ホームベーカリー市場は、2011年、総出荷数約79万台と過去最高となっています。2005年から7年連続で二桁成長をしていて、今後も市場の拡大が期待されています。

以下の囲み記事はホームベーカリーのトップメーカー Panasonic ホームページからの引用です。

当社は、1987年の発売以降、機能の改善や新しいメニューの提案を行い、家庭でパンを作る楽しさを伝え続けてきました。今後もメニューの拡充や、使い勝手の向上により、市場を牽引していきます。

〈市場規模の推移とその背景について〉
- 1987年に年間総出荷数約76万台を記録するも、ブーム性が強かったこと、作れるパンの種類が少なかったこと、材料入手の難しさ等の要因があり、その後市場全体が低迷。
- 2000年以降、食に対する安全意識の向上、インターネットの普及に伴う材料入手のしやすさ、ブログ等でのアレンジレシピの共有化などで、再び市場が活性化。また、海外系の高級ベーカリーが人気になり、パン食ブームとなったことも要因と考えられます。
- 2010年に米粒から作れるGOPANの登場によって、ごはんを使ったメニュー提案により市場が急伸しています。

ホームベーカリーの市場成長に着目し、要因や背景を分析することで、家庭の食卓や生活環境の変化を把握することができます。とくに同社のホームベーカリー機GOPANのヒットは、パン食に対してニーズが細分化していることが窺える貴重な事象と捉えることができます。

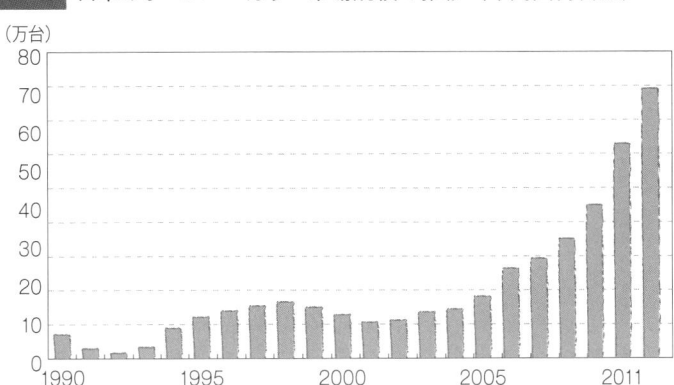

図4-07 日本のホームベーカリー市場規模の推移（年間出荷台数）

出所：一般社団法人日本電機工業会

③ これまでと異なる志向や形態を表す要素

　これまで業界や商品の常識として考えられていた概念が、あるとき、他の概念に取って代わることがあります。

　たとえば、クールビズです。それまでビジネスマンは、どんなに暑くてもスーツにネクタイという装いが一般的でした。それが政府（2005年環境省）のクールビズの掛け声によってワイシャツにスラックスという軽装に様変わりしました。さらに、2011年の東日本大震災後の電力不足によって一気にクールビズが進行しました。

　クールビズが進展すると、カジュアル衣料や靴の売れ行きが伸び、財布などの小物を入れるビジネスバッグや吸汗速乾肌着などの関連商品市場も創出されました。さらに軽装で仕事をすることによってもたらされるビジネスシーンの変化に着目して、消臭や防しわ加工などの高付加価値機能商品のアイデアも生み出されます。

　同じようにオフィス移転に対する志向も時代とともに変化しています。

　バブル時代は豪華な設備をもった自社ビルが、そしてIT企業が成長していた時期には、社員のためにバーや社食を充実させたオフィスが求められました。リーマンショック後は賃料の安さを求める志向が強まりました。最近では、経営者の考え方として、ワンフロアで事業を完結さ

せるという考えが普及しそうです。そうしたなかにあって、キリングループ新本社は、キリンビール、キリンビバレッジ、メルシャンなどグループ17社が集結しました。都内最大級というオフィススペースを活かして、グループ社員を会社ごとではなく、部門ごとに配置しました。キリンはこのオフィスから、伸び悩む国内総合飲料事業の再成長を目指すとのことです。

　クールビズやオフィスの例のように、これまで常識として考えられていたことが、ある1つのきっかけをもとに様変わりする事象を「特異点」として設定し、その要因を分析することによって、市場や顧客の状況を把握することができます。

④　他のセグメントと違った動きをしているセグメント

　市場調査会社のマクロミルが運営するブランドデータバンクによると、「買っている水・ミネラルウォーター」で男女ともに50代から「六甲のおいしい水」がトップに立ち、「買っているアイスクリーム」も女性は60代以降で「井村屋あずきバー」の消費が増加傾向にあります。これは、その年代の持つブランドイメージや味覚の変化によって、購入ブランドは異なっているということです。

　この例のように、なぜそのブランドを購入しているのかを探索することによって、その世代の特徴的な意識や、行動面について探索することができます。

　もう1つ例示しましょう。中小企業などでは、多くの会社で子や親族に事業承継されていますが、「専門・技術サービス業」「情報通信業」では、親族以外の役員・従業員の比率が高くなっています。「情報通信業」では、親族以外の役員・従業員に加えて、社外の第三者の割合も高まっています。

　「専門・技術サービス業」「情報通信業」は、なぜ親族が承継しないのかについての要因を検討していくことで、事業の特性を見出すことが可能となります。

　このように、特徴的に他のセグメントと異なる購買行動をしているも

のに着目することによって、当該商品カテゴリーの特徴を掴むことができるのです。

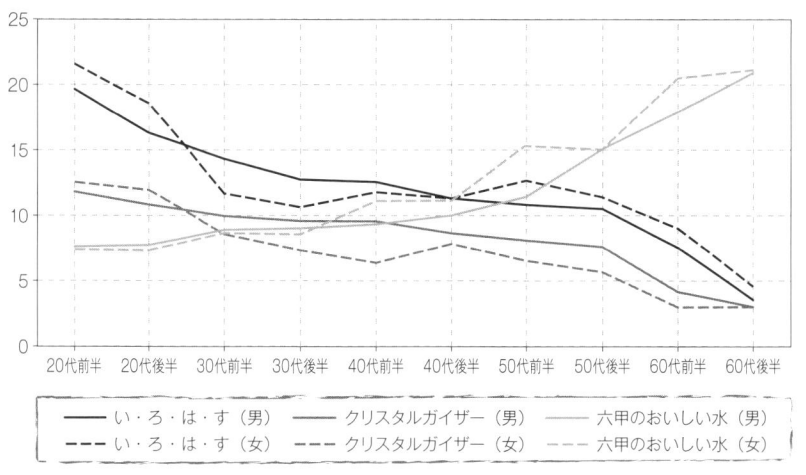

図4-08 ミネラルウォーターの性年代別選好度

― い・ろ・は・す（男）　― クリスタルガイザー（男）　― 六甲のおいしい水（男）
--- い・ろ・は・す（女）　--- クリスタルガイザー（女）　--- 六甲のおいしい水（女）

出所：ブランドデータバンク『世代×性別×ブランドで切る！第3版』（日経BP社）をもとに作成

図4-09 アイスクリームの性年代別選好度

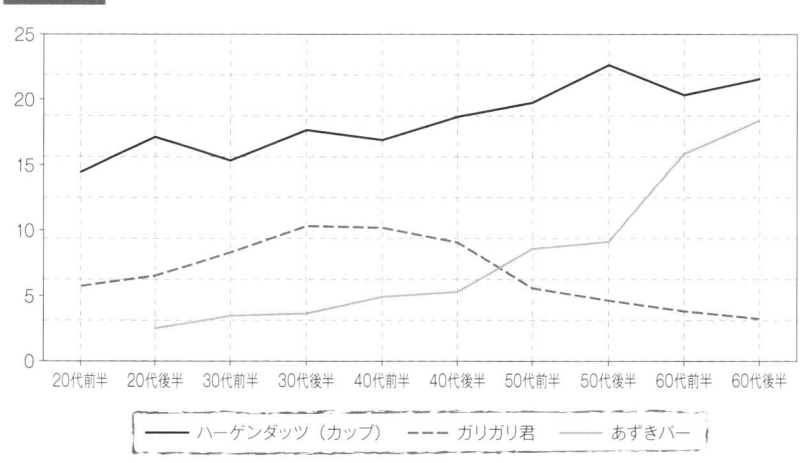

― ハーゲンダッツ（カップ）　--- ガリガリ君　― あずきバー

出所：ブランドデータバンク『世代×性別×ブランドで切る！第3版』（日経BP社）をもとに作成

3 特異点が生じる原因を推察する

1　要因分析することで仮説に深みをもたせる

　特異点を設定したら、その特異点がなぜ起きたのか、要因を分析していきます。

　要因分析することによって表層的な特異点から、本質的な要因まで深めることができます。本質的な要因は普段は顕在化していない、気づいていない潜在的なものなので、仮説としての価値が高まります。

　たとえば、50代以上で「買っている水・ミネラルウォーター」で男女ともに50代から『六甲のおいしい水』を選んでいる要因として、「飲みやすいから」としただけでは、具体的な対策とはなりません。さらになぜ「飲みやすいのか」と深掘りしていくことで、水・ミネラルウォーターとしての「品質」や「味覚」だけでなく、「購入のしやすさ」「ボトルの持ちやすさ」など、より具体的な要因を見出すことが可能となりま

図4-10　50代以上で『六甲のおいしい水』が飲まれている

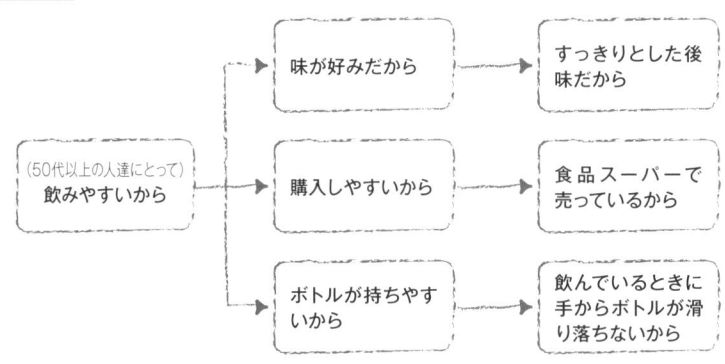

```
                          ┌─ 味が好みだから ──→ すっきりとした後味だから
〈50代以上の人達にとって〉 │
　飲みやすいから ─────────┼─ 購入しやすいから ─→ 食品スーパーで売っているから
                          │
                          └─ ボトルが持ちやすいから → 飲んでいるときに手からボトルが滑り落ちないから
```

す。

　そのままでは何をしたらよいのかという解決策を見出せない「事象」から、具体的な施策に結びつく実行可能性の高い具体的な「仮説」とすることができるのです。

2　Whyツリーでロジカルに要因分析する

　要因分析では、第1章でも触れたロジカルシンキングの「Whyツリー」を活用します。Whyツリーは業務改善や品質管理などの分野で多用されている手法です。トヨタ自動車では製品や部品に欠陥が出たときに、「なぜ」を最低5回は繰り返し、根本的な原因にたどり着くまで、要因分析を続けるということは先述したとおりです

　「Whyツリー」はシンプルなフレームワークですが、実際にやってみるとそれほど簡単ではありません。最初のうちは、分岐させたはずなのに、その次にくる要因が同じものであったり、要因を探索しているうちに最初の要因に戻ってしまったり、因果関係ではない要因をつないでしまったりといったように、少々手間どります。

　そこでお勧めは1人でWhyツリーを作成するのではなく、複数名でワイワイガヤガヤと作業することです。複数人で実施をすれば、他の人が発言したことに触発されて新たな要因を思いつくこともあります。

　残念ながら、これさえやれば上手にツリーを作れる、という魔法の方法はないのですが、気をつけておくべきポイントはありますので、以下に記します。

---

① 　大きな原因に分解していく
② 　並列に挙げた「なぜ」はMECEとなるようにする
③ 　階層を考える
④ 　「問題」や「なぜ」はワンカット表現にする
⑤ 　逆に読み返しても、論理がつながるように「なぜ」を展開する

図4-11

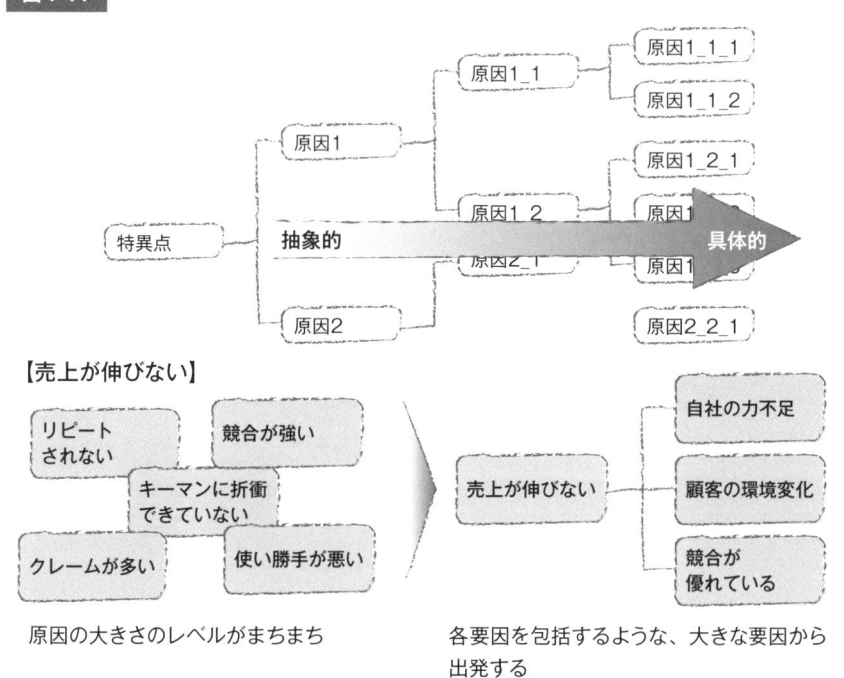

```
                              ┌─ 原因1_1_1
                    ┌─ 原因1_1 ┤
                    │         └─ 原因1_1_2
         ┌─ 原因1 ──┤
         │          │         ┌─ 原因1_2_1
特異点 ──┤          └─ 原因1_2 ┤
         │                    └─
         │                    ┌─
         └─ 原因2 ── 原因2_2 ──┤
                              └─ 原因2_2_1
```

抽象的 ────────────→ 具体的

【売上が伸びない】

左図：リピートされない／競合が強い／キーマンに折衝できていない／クレームが多い／使い勝手が悪い
→ 原因の大きさのレベルがまちまち

右図：売上が伸びない ─┬─ 自社の力不足
　　　　　　　　　　　├─ 顧客の環境変化
　　　　　　　　　　　└─ 競合が優れている
→ 各要因を包括するような、大きな要因から出発する

① 大きな原因に分解していく

Whyツリーは何回か「なぜ」を繰り返すことによって本質的な要因を見出すことに意義があります。2段階目でいきなり細かな、部分的な要因を出してしまうと、後が続きません。最初は大括りな要因を選ぶことで、体系的で構造的なツリーとすることができます。その際にはフレームワークを活用するとうまくいきます。

たとえば、特定ブランドの販売が減少している要因を分析するときには、Whyツリーの2番目の要因として3C分析を活用します。3C分析とは、顧客（Customer）、競合企業（Competitor）、自社（Company）のそれぞれについて、どのような特性や傾向があるかを分析し、そこから課題や戦略を抽出していくためのフレームワークです。「顧客のニーズと合わなくなった」「強力な競合ブランドが出現した」「自社の営業活動が不足していた」というように展開していきます。

② 並列に挙げた「なぜ」はMECEとなるようにする

MECEとはコンサルティング会社マッキンゼーが開発した概念で、分解した要素を「もれなくダブりのない状況」に構成していくことです。たとえば立飲み屋の顧客を分類するときに「中年男性」と「会社員」はダブりがありますしモレもあります。

会社の組織を分解したときに、「開発部」「企画部」「営業部」ではモレがあります。「総務部」や「経理部」などが含まれていません。

ポイントは分類軸を揃えることです。「中年男性」は年代を示す軸、「会社員」は職業を示す軸です。分解する軸を同一のものとすることで次元を揃えることができ、MECEとすることができます。

図4-12 立飲み屋の顧客を分類する

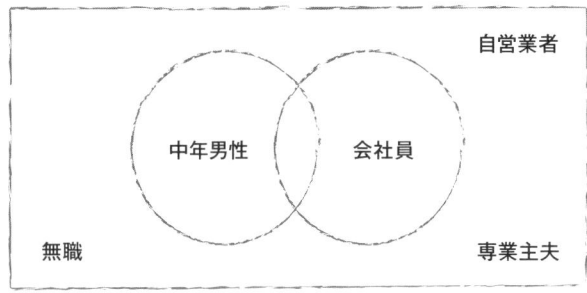

③ 階層を考える

並列する要素のレベルが異なるとWhyツリーのバランスが崩れてしまいます。MECEとなっているか、階層間に因果関係がないかどうかを確認します。

たとえば「痩せない」という事象を要因分析するときに、「ストレス太り」と「食べ過ぎる」は因果関係があります。

「ストレスを感じる」だから「食べ過ぎる」という関係です。この場合は「食べ過ぎる」を前にもってきてその原因として「ストレスを感じる」とします。

図4-13

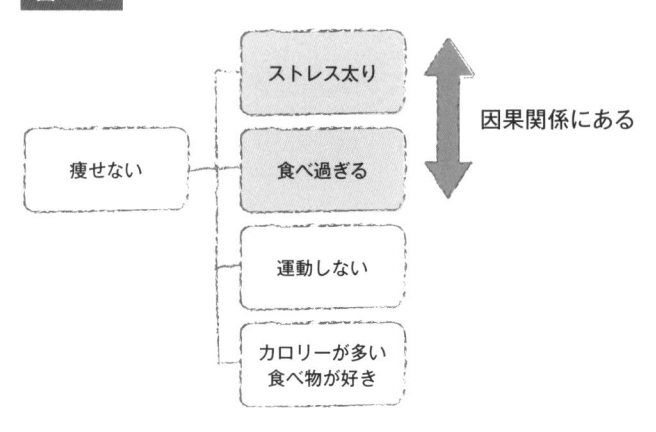

痩せない
- ストレス太り ↕ 因果関係にある
- 食べ過ぎる
- 運動しない
- カロリーが多い食べ物が好き

図4-14

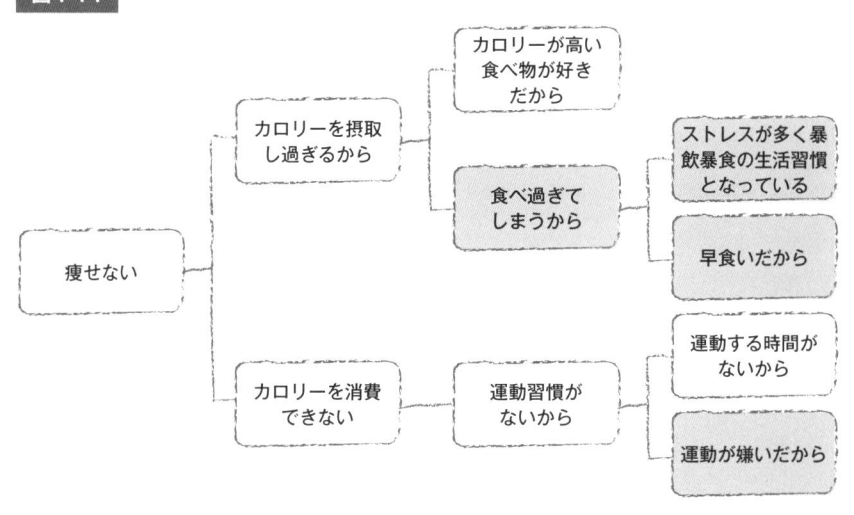

痩せない
- カロリーを摂取し過ぎるから
  - カロリーが高い食べ物が好きだから
  - 食べ過ぎてしまうから
    - ストレスが多く暴飲暴食の生活習慣となっている
    - 早食いだから
- カロリーを消費できない
  - 運動習慣がないから
    - 運動する時間がないから
    - 運動が嫌いだから

④ 「問題」や「なぜ」はワンカット表現にする

たとえば、「生活が苦しいから保険に加入できない」という表現には2つの意味が含まれています。このように1つの文に因果関係があるものは、分解して2つの文章としましょう。「保険に加入できない」→「生活が苦しい」という関係です。

Whyツリーを作成するときには模造紙の上に、要因を付箋やカード

に書き込んで、自由に移動できる状況で、ツリー構造を作成するのが便利です。付箋やカードには、「一文一義」「主語述語となる文章とする」をルールとしましょう。

わざわざ丁寧に書くのは面倒だという気持ちはわかりますが、体言止めやキーワードだけの記載ではいろいろな意味にとれ、その都度相手に説明しなくてはなりません。

⑤ 逆に読み返しても、論理がつながるように「なぜ」を展開する

特定の菓子を購入する要因を分析するときに、「安価であるから」→「食べ盛りの子供がいるから」は右の要因が左の要因の原因となっていますが、逆に右の要因が左の要因の結果とはなっていません。2つの要因が双方向に意味をもっているかどうかを確認してください。

why⇔Becauseとなっていることを確認しましょう。

図4-15

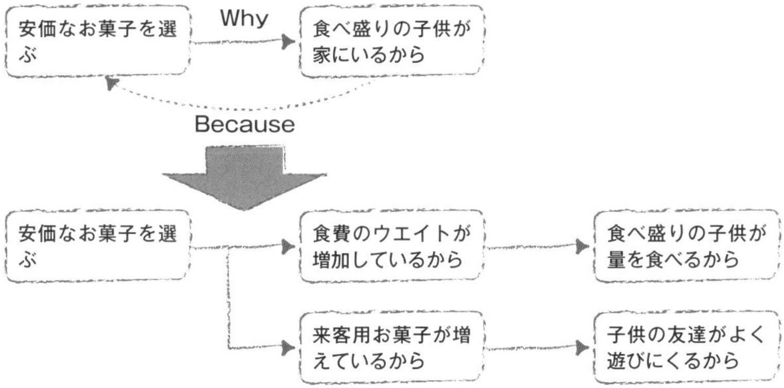

```
[安価なお菓子を選ぶ] --Why--> [食べ盛りの子供が家にいるから]
                    <-Because--
```

```
[安価なお菓子を選ぶ] → [食費のウエイトが増加しているから] → [食べ盛りの子供が量を食べるから]
                    → [来客用お菓子が増えているから] → [子供の友達がよく遊びにくるから]
```

以上、細かくWhyツリー作成上の留意点を述べましたが、仮説づくりでは、きれいなWhyツリーを作成することが目的ではありません。がちがちに型を追求して時間を浪費してしまうよりも、最後のチェックポイントとして活用することをお勧めします。

3　プレミアムビールが伸びている要因を深掘りする

　特異点のところで触れた「プレミアムビールが伸びている」要因をWhyツリーで、深掘りしてみましょう。

　ビール系飲料は1992年をピークとして消費低減傾向にあります。ただその中にあってサントリープレミアムモルツやエビスビールなどのプレミアムビールは市場規模を拡大しています。こうした状態を考慮しつつ、ビールメーカーとして今後の施策（商品企画や販促企画）に展開するというテーマを前提として、ビール市場における特異点としての「プレミアムビールの販売増加」を分析してみましょう。

　早速Whyツリーを作成していきましょう。

　特異点は「プレミアムビールが売れている」とします。そして「なぜ？」「なぜ？」を繰り返して要因を深めていきます。まずは2段階目を考えてみましょう。2段階目は抽象度が高いため、大き目な要因を考えていきます。フレームワークを使うのも有効です。

　要因を探る軸として、顧客別（図4-16）、チャネル別（図4-17）などが考えられます。マーケティングのフレームワークとしてはマーケティングミックス（図4-18）や3C（図4-19）が使えそうです。

　それではWhyツリーの2段階目を検討しましょう。このときに留意すべきは、2段階目の要因がMECEとなっているかどうかです。この2段階目を固めることができれば、しっかりとしたWhyツリーを構築することができます。

　今回はプレミアムビール市場を考察し、今後の施策（商品企画や販促企画）に展開するというテーマですので、ビールの需要に関して、「顧客がどのように変化しているのか？」「どのようなベネフィットを感じているのか？」という観点で展開するとゴールに近づくことができます。

　上記の顧客別、またチャネル別を組み合わせて考えていきましょう。

　2段階目を販売チャネルとして設定し、さらに家庭用需要を厚めに考察するために、家庭用需要を顧客別に分解して考察を進めていきました。プレミアムビールが販売を増加させることができたのは、さまざまな要

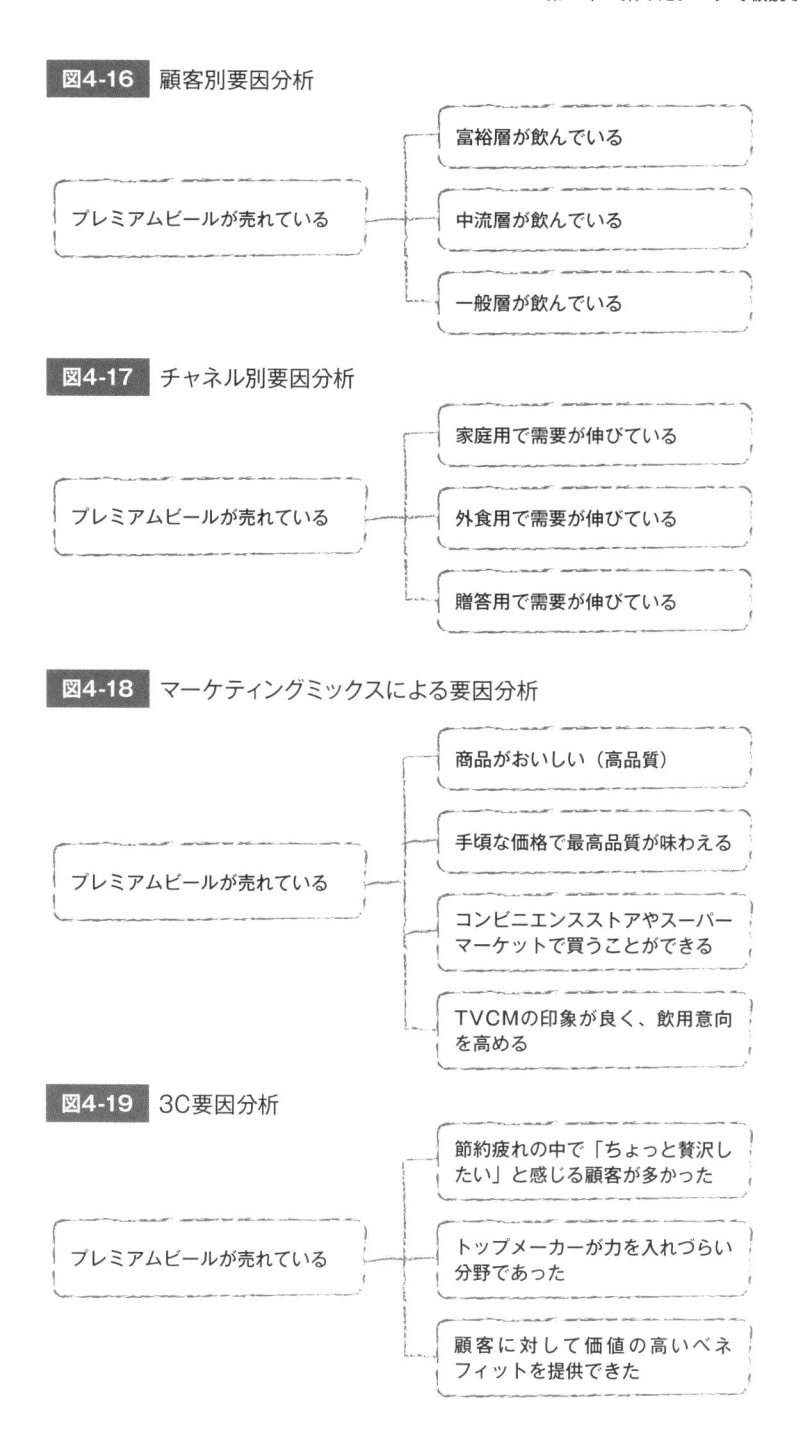

第4章 集めたデータで仮説をつくる

図4-16 顧客別要因分析

プレミアムビールが売れている
- 富裕層が飲んでいる
- 中流層が飲んでいる
- 一般層が飲んでいる

図4-17 チャネル別要因分析

プレミアムビールが売れている
- 家庭用で需要が伸びている
- 外食用で需要が伸びている
- 贈答用で需要が伸びている

図4-18 マーケティングミックスによる要因分析

プレミアムビールが売れている
- 商品がおいしい（高品質）
- 手頃な価格で最高品質が味わえる
- コンビニエンスストアやスーパーマーケットで買うことができる
- TVCMの印象が良く、飲用意向を高める

図4-19 3C要因分析

プレミアムビールが売れている
- 節約疲れの中で「ちょっと贅沢したい」と感じる顧客が多かった
- トップメーカーが力を入れづらい分野であった
- 顧客に対して価値の高いベネフィットを提供できた

図4-20

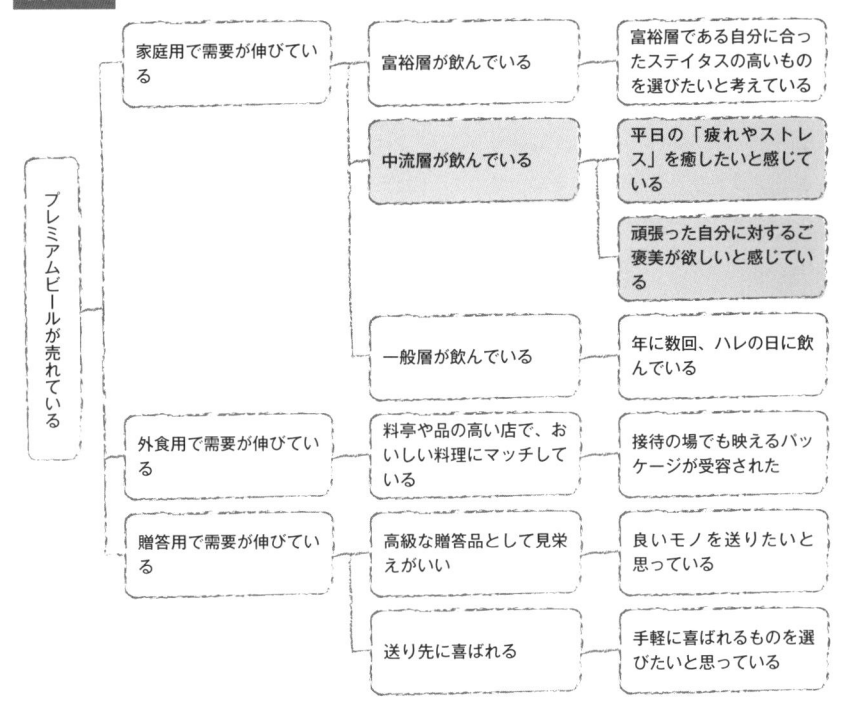

```
                    ┌─ 富裕層が飲んでいる ─── 富裕層である自分に合っ
                    │                         たステイタスの高いもの
                    │                         を選びたいと考えている
      ┌─ 家庭用で需要が伸びてい ─┤
      │  る                   │                ┌─ 平日の「疲れやストレ
      │                       ├─ 中流層が飲んでいる ─┤  ス」を癒したいと感じて
      │                       │                │  いる
プ     │                       │                │
レ     │                       │                └─ 頑張った自分に対するご
ミ     │                       │                   褒美が欲しいと感じて
ア     │                       │                   いる
ム     │                       │
ビ  ───┤                       └─ 一般層が飲んでいる ─── 年に数回、ハレの日に飲
ー     │                                              んでいる
ル     │
が     │                       ┌─ 料亭や品の高い店で、    接待の場でも映えるパッ
売     ├─ 外食用で需要が伸びてい ─┤  おいしい料理にマッチして ─ ケージが受容された
れ     │  る                   │  いる
て     │
い     │                       ┌─ 高級な贈答品として見栄 ─── 良いモノを送りたいと
る     │                       │  えがいい                    思っている
      └─ 贈答用で需要が伸びてい ─┤
         る                   └─ 送り先に喜ばれる ───── 手軽に喜ばれるものを選
                                                      びたいと思っている
```

因が重なり合って成し得たことだと思いますが、顧客に着目すると、プレミアムビールの売れ行きが伸びたのは、最初、富裕層が飛びつき、次に中流層が日常生活の中で感じる「喜び」をかみしめるために、普及していったのではないかと類推することができます。

売上は、〈購入者数 × 購入頻度〉で増減します。その観点で考えると、富裕層は数が少なく、一般層は頻度が低いとなり、中流層が飲み出したことが、最も大きな影響を及ぼしたと考えることができます。

4　顧客が置かれている状況を仮説として設定する（状況仮説）

Whyツリーで、特異点の要因を分析していくと、市場や顧客の状況が見えてきます。

Whyツリーで展開した細分化された各要因を評価してみましょう。先程のプレミアムビールではチャネル別に見て家庭用でブレイクしたこ

とが最も大きな要因と評価します。そのうえで、富裕層、中流層、一般層に分けてみると、中流層の売上貢献が一番高いのではないかと類推していきます。

> プレミアムビールの売上が伸びたのは、富裕層だけでなく、中流層の飲用量が増加したことが要因として挙げられる

といったメッセージを抽出することができます。

さらに要因分析で着目した「平日の疲れやストレスを癒したい」「頑張った自分に対するご褒美として位置づけたい」から

> 家飲みの増加。外飲みする代わりに、家でちょっと贅沢をしたい

といった状況を仮説として設定します。

中流層がプレミアムビールを飲んでいる要因を分析、状況を類推していくことによって、今後の施策に役立つ潜在ニーズや課題解決のための仮説を見出すことができます。

図4-21

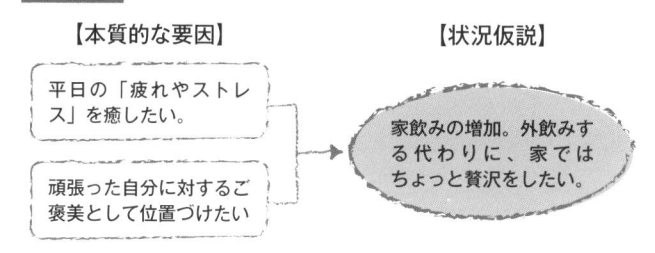

【本質的な要因】　　　　【状況仮説】

- 平日の「疲れやストレス」を癒したい。
- 頑張った自分に対するご褒美として位置づけたい

→ 家飲みの増加。外飲みする代わりに、家ではちょっと贅沢をしたい。

4 顧客の状況から展開仮説をつくる

1 状況仮説における顧客のニーズを探索する

　特異点から要因分析をし、状況仮説を見出すと、そこから潜在ニーズを容易に抽出することができます。顧客のニーズの中でも潜在ニーズに着目する意義は、第1章で触れました。状況仮説は顧客の生活シーン（BtoCの場合）を想定していますので、その生活シーンで、どのようなニーズがあるのかを類推していくことができるのです。

図4-22 プレミアムビールの潜在ニーズ

状況仮説	潜在ニーズ（仮説）
家飲みの増加	家だとなぜか飲む量が少ない（飲めない） 家族の食事の時間に一緒に飲みたい
外飲みの代わりに	外飲み（居酒屋）と同じようにお酒を楽しみたい 家に仲間を招いて飲みたい キンキンに冷えたビールをジョッキで飲みたい
家ではちょっと贅沢をしたい	（さらに）旨い酒を飲みたい 旨いつまみが食べたい グラスにも凝りたい

　図4-22の段階で、顧客に対するインタビューを行うのも効果的です。これまで立てたプロセスが合っているのかを、想定した潜在ニーズが顧客に合致するのか確認することで、潜在ニーズの精度が高まります。

　わざわざリサーチ会社に依頼をしなくてもBtoCであれば周囲の知人友人、同僚に話を訊くことで代用できます。BtoBの場合は顧客を訪問し、雑談の中で仮説をぶつける（正式の提案などではなく）ことによって検証することもできるでしょう。

2 ニーズを満たす解決策を仮説として設定する（展開仮説）

　顧客の潜在ニーズが想定できたら、その問題を解決するための施策を設定していきます。前述のプレミアムビールの潜在ニーズを例として考えていくと図4-23のようになります。

図4-23 プレミアムビールの施策／展開

潜在ニーズ（状況仮説）	解決施策（展開仮説）
家だとなぜか飲む量が少ない（飲めない）	広口の飲み口で一気に飲めるように缶を改良
家族の食事と一緒に飲みたい	食事に合う炭酸弱めのプレミアムビール／少量サイズ展開／プレミアムなのにカロリーオフ
外飲み（居酒屋）と同じようにお酒を楽しみたい	まろやかに泡が立つような缶の改良
家に仲間を招いて飲みたい	大容量サーバーのアイテム追加
キンキンに冷えたビールをジョッキで飲みたい	冷蔵庫で冷やして楽しむビールジョッキプレゼント（消費者キャンペーン）
（さらに）旨い酒を飲みたい	特上プレミアムの開発
旨いつまみが食べたい	全国の旨いおつまみ懸賞（消費者キャンペーン）
グラスにも凝りたい	本場ドイツ風ビールジョッキプレゼント（消費者キャンペーン）

3 ラテラルシンキングを使ってみる

　仮説として施策を考えていく際に有効な手法にラテラルシンキング（水平思考）があります。垂直思考であるロジカルシンキングに対する思考法です。ラテラルシンキングに基づく仮説の発想は、次のプロセスで行うとわかりやすいでしょう。

① フォーカスを選定…着眼点を選択します
② 水平移動…着眼点の特性を見出し、強制的に水平発想します
③ ギャップを解消するアイデア発想…つじつまを合わせるための解決策を発想します

以上のように、対象を選定し、その特性を考え、逆転発想や規模変更などをすることによって、敢えて「つじつまの合わない」状況をつくり出します。最後にその状況を解消するアイデアを強制的に考えます。

　2012年にヒットしたPCメガネを例に説明しましょう。「メガネは視力が弱い人がかけるもの」というメガネの特性を抽出します。その特性を水平移動すると「視力が良い人がかけるメガネ」となり、つじつまが合わない状況となります。そこでパソコンやタブレットなどの電子機器を長期間使用するときに使用するという意味合いを付けて、PCメガネというアイデアにたどり着きます。JINSはその発想で、スポーツ用、花粉用など視力を補正するのではなく、「目を守る」という観点で新商

図4-24 ラテラルシンキングの着眼点

代用する	元来必要とされる機能をもっと「他の方法」でまかなうこと
逆転する	意図的に逆さにしてみること。雪国もやしは「めちゃくちゃ高いから、絶対買うなよ！」と言い切りブランディングを定着させた
結合する	組み合わせてみること。消しゴム付シャープペンシル、ワンセグ付携帯電話など
強調する	拡大（増やす）や、縮小（減らす）することによって刺激を創出する
除去する	髭剃り、マッサージ、シャンプーなしの理容店（QBハウス）
入れ替える	順序を入れ替える（前払い・受け手と送り手）

図4-25 ラテラルシンキングの展開例

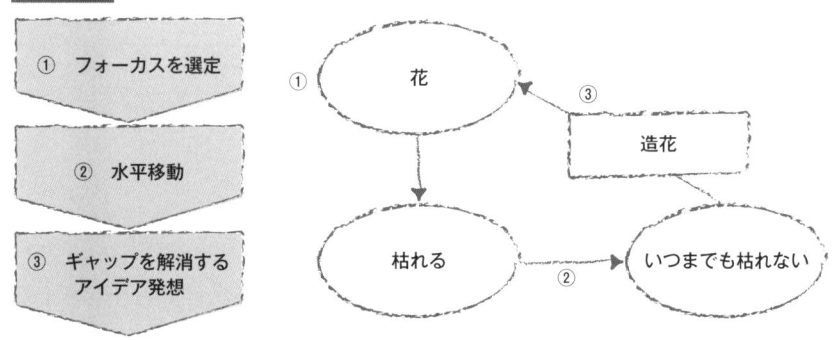

① フォーカスを選定
② 水平移動
③ ギャップを解消するアイデア発想

① 花 → 枯れる →② いつまでも枯れない ←③ 造花 → 花

品の企画を展開しています。まさにラテラル発想といえるでしょう。

　仮説設定のプロセスに当てはめると、フォーカスの対象を状況仮説として、特性抽出に「**ターゲット**」「**ニーズ**」「**オケージョン**」という要素で展開していきます。

図4-26

- 状況仮説
- ギャップ解消のためのアイデア発想
- 特性抽出
  ・ターゲット
  ・ニーズ
  ・オケージョン
- 状況仮説

　先程からのプレミアムビールでは以下のように展開することが可能です。

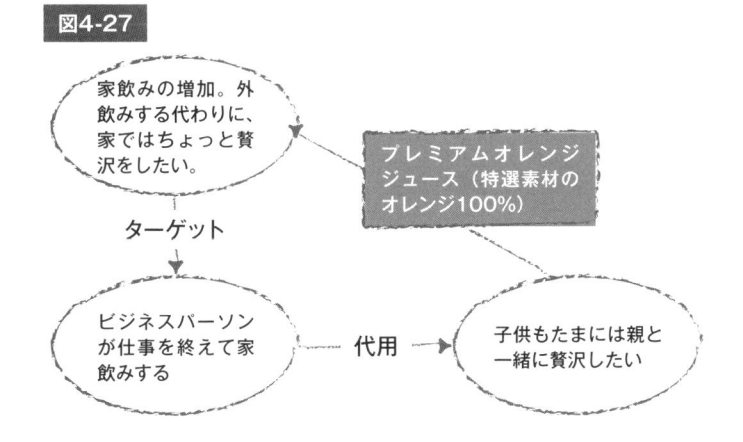

図4-27

- 家飲みの増加。外飲みする代わりに、家ではちょっと贅沢をしたい。
- プレミアムオレンジジュース（特選素材のオレンジ100%）
- ターゲット
- ビジネスパーソンが仕事を終えて家飲みする
- 代用
- 子供もたまには親と一緒に贅沢したい

5 リサーチ手法を使って仮説を検証する

1 マーケティングリサーチの目的別類型

これまでFactをベースにした状況仮説の設定、展開仮説の発想とプロセスに沿って説明してきました。最終仕上げとして、仮説検証手法としてのマーケティングリサーチを解説します。

マーケティングリサーチには大きく、「探索型リサーチ」と「検証型リサーチ」があります。

探索型リサーチは、まだ仮説が練られていない段階で、施策のアイデアを抽出するために実施するものです。

図4-28 探索型リサーチと検証型リサーチ

探索型リサーチ	開発型リサーチ	マーケティングプロセスの初期段階において、問題点、機会が不明で、仮説がない時に実施される。定性的な調査が有効
	実態把握型リサーチ	消費者や顧客の当該商品カテゴリー及び周辺商品カテゴリーの使用状況、購買状況などの実態を把握することから仮説を導き出す方法。定量調査によることが多い。
検証型リサーチ	因果型リサーチ	物事の因果関係を立証するリサーチ。ある結果をもたらしている原因の中から、主たる要因、影響力を明らかにする。定量調査が主であるが、実験法も有効。
	モニター型リサーチ	いくつかの代替案から特定のマーケティングミックスが決まり、マーケティング計画が実行された後、市場がどのように変化しているかを測定するもの。追跡調査が主な手法

一方で検証型リサーチは本項でメインとしているリサーチ手法で、顧客の置かれている状況に関する仮説や、施策案などの仮説を検証するためのものです。

第3章で定量データの分析方法について触れましたが、定量データを導く調査を「**定量調査**」といい、定性データを抽出する調査を「**定性調査**」といいます。

図4-29 定量調査と定性調査の特徴

	定量調査	定性調査
サンプル数	特定セグメントに属する多数	限定された少数
データの質	要因を万遍なく広く捉えたもの（形式的）	要因を深く掘り下げたもの（非形式的）
収集目的	●仮説検証・効果測定 ●実態把握（使用状況・購買状況） ●アイデア・コンセプトの評価（絞込み）	●アイデア発想の材料 ●思考パターンの探索
活用事例	●新商品のコンセプト受容性を定量的に測定 ●リニューアル商品の機能を評価 ●商品の認知率と理解度から広告効果を測定	●○○商品に対する特定セグメントの消費者ニーズを抽出 ●商品購入要因を深く把握（自社・他社） ●離反顧客の要因を把握
活用方法	●商品コンセプトの受容性を把握するなど意思決定に役立てる ●効果を測定し次期施策へ反映させる	●キーワードから潜在的な意識（ニーズ・要因）を抽出 ●キーワードを刺激として発想に転換（商品アイデア）
メリット	●サンプル（回答者）を数多く、幅広く収集できる ●データの信頼性が高い ●回答結果を数値化できる ●仮説をデータで検証できる	●現状についての等身大の理解が得られる ●問題の広がりや範囲がわかる ●理由の追跡が可能 ●キーワード抽出が容易
デメリット	●質問が構成的・固定的 ●回答者の実際の顔が見えない ●理由の深掘りが困難 ●虚偽の回答を防止することが困難	●グループインタビューでは声の大きな人の意見に引っ張られがち ●1件あたりの情報収集コストが高い ●定量的な測定が困難 ●サンプル抽出が困難

定量調査はアンケート調査で実施することがほとんどで、あらかじめ用意したアンケート票を対象者に回答してもらうやり方です。定性調査にはインタビュー調査と観察調査という手法があります。
　それぞれ性格が違い、活用方法も違うので、特性を理解して、実施していきましょう。
　定量調査は多数のサンプルを集めることで、仮説の検証に役立てることができるのが一番のメリットです。効率的にサンプルを収集するにはアンケート調査が適しています。アンケート調査は、効率的に情報収集することができる反面、回答を対象者の自主性に委ねることが多いので、データの質を担保するのが困難であるというデメリットがあります。質問も固定化しなければ多くのデータを比較できませんので、フレキシブルな設問設定は困難です。
　これらの裏返しが定性調査のメリット・デメリットとなります。
　定性調査は対象者の意識や行動を等身大に把握することができ、意識構造についても理解を深めることができる点が一番のメリットです。それゆえに調査に時間と手間を要します。1サンプルを収集するためのコストは高くなりますので必然的に少数のサンプルを分析対象とすることになります。
　一昔前、多くのリサーチコストが許容されていた時代には、グループインタビューを100人実施して定量化するというプロジェクトを目にしたことがあります。スピードと効率化が求められている現在では考えられないことです。
　仮説を深めるためには定性調査、検証するには定量調査と認識してください。

2　仮説検証に使えるリサーチ手法

　定量調査と定性調査には、いくつかの手法があります。定量調査はどのような場やツールで情報を収集するかという点で手法が分かれます。定性調査は収集する目的によって手法が分かれます。
　インターネットリサーチは現在最も多用されているリサーチ手法です

が、「当事者になりすました回答者」のリスクが内在しています。またこれまでにない画期的な商品コンセプトの受容性を検証するのには不向きです。インターネットリサーチは広く不特定多数の人に情報を公開することになり、情報漏洩に対する管理が困難であるからです。

そういった場合にはFace to Faceで重要な資材を管理することができるCLTや訪問調査が適しています。CLTは対象者を街中でリクルートし会場へ促してアンケート等に回答してもらう調査手法です。訪問調査は調査員が対象者の自宅や職場へ訪問し調査するものです。どちらも調査で使用する資材を回収することができるので、情報漏洩のリスクが軽減できます。

一方、定性調査の代表的な手法には、ダイレクトインタビューとグループインタビューがあります。対象とするターゲットの意識の深さを求めるのであれば、インタビュアと1対1となるダイレクトインタビューが適しています。Whyツリーのように、「なぜ購入したのか？（しなかったのか？）」「それはなぜか？」を繰り返し質問していきます。グループインタビューは5～7名のターゲット属性を集め、集団でインタビューをします。1人1人に質問を投げ掛けるというよりも、集団の中に議題を提示して自発的に会話をする内容の中から、知見やキーワードを導き出す手法です。仮説があまり固まっていないときにはグループインタビューで自発的な発言を求める方法が有効です。

図4-30 代表的な調査手法

調査方法	長所	短所
CLT（セントラルロケーションテスト） 対象者をリクルートし特定会場でアンケートに回答してもらう	●調査資材を豊富に提示できる	●会場の設営にノウハウが必要
	●実施条件を厳密にコントロールできる	●テスト会場を広域に設定することが難しい
	●対象者に合わせてインタビューができる	●対象者のリクルーティングが難しい
		●会場運営には専門性が必要である
CLT事前呼集方式 予め対象者を選定し会場に招く	●対象者のスクリーニングを厳密にできる	●街頭呼集よりもコストがかさむ

手法	長所	短所
訪問面接調査 調査員が家庭や職場へ訪問し面接形式でアンケートに回答してもらう	●設定した対象者本人に質問できる ●対象者の所在地に行くので、B to Bの調査にも適している ●対象者が他の人と相談したり、調べたりすることができない ●回答方法の説明によって、対象者の誤解を防げる ●回答データの妥当性が高い	●時間とコストがかかる ●調査員の訓練が必要である ●サンプルを広域に抽出するとコストがかかる ●プライバシーに関わる調査が難しい ●調査対象者の負担が大きい ●調査員の管理が困難で不正のリスクがある
留置調査 調査員が訪問しアンケート票を渡し、一定期間経過後、回収に訪問する	●対象者をあまり拘束しない ●協力度は訪問面接よりやや高い	●訪問面接調査の短所と同様の短所がある
郵送調査 リストからアンケート票を郵送し回答してもらう	●設問を多く設定できる ●工夫次第で高い回収率が可能 ●広域での調査がしやすい	●調査に時間とコストがかかる ●プライバシーに関わる調査が難しい ●本で調べたり、他の人に聞いたりする恐れがあるので、記憶や知識を尋ねる調査には不向き ●プロービング（探索）できない
インターネットリサーチ ネットリサーチ会社の登録モニターに対してアンケートページで回答してもらう	●対象者を広域に抽出できる ●調査費用が安く済む ●調査のスピードが速い ●特殊な対象者への調査も可能 ●画像やデザインなども使用できる ●データ入力の手間が不要	●代理回答が起きうる ●本で調べたり、他の人に聞いたりする恐れがある ●プロービング（探索）できない ●回収率は約20%程度と低い ●コンピュータリテラシーのない人の協力は得づらい
FAX調査 調査会社の持つFAXパネルに対して調査を実施	●調査のスピードが速い ●調査費用が安い ●イラストや写真を送ることが可能	●調査票のボリュームはあまり大きくできない ●複雑な構造の質問や選択肢が多い質問には不適

第4章　集めたデータで仮説をつくる

電話調査 ランダムに電話番号を派生させ、対象者を選定する	●広域での調査がしやすい ●B to Bの調査に適している ●調査コストが安い ●調査のスピードが速い ●実査が中央管理できる	●対象者を特定できない ●手短な調査しかできない ●選択肢が多い質問の場合は不適 ●絵、写真、カード、現品を見せることができない ●回答者が在宅・在宅率の高い人に偏る ●回収率は低い
観察調査 対象者の購入シーンや使用シーンを観察して特性を抽出する	●対象者自身も気づいていない情報が得られる ●定性的な情報が得られる	●調査者にセンスがないと何の発見も得られない ●調査結果を形式化しづらい ●定性的な情報なのでコード化しづらい
HUT（ホームユーステスト） 対象者に実際の商品を送り、使用後のアンケートに協力してもらう	●長期間の試用を必要とする調査ができる ●日記式にすることで長期にわたる行動記録がとれる ●実際の使用後の評価が得られる	●時間とコストがかかる ●新製品の秘密保持に注意しなければならない
グループインタビュー 対象者を事前にリクルートしてテーマに沿って5～7名程度が話し合う形式でインタビューを行う	●特定のターゲットを召集できる ●さまざまな調査資材を提示できる ●質問の内容を臨機応変に変更できる ●発言者の生の声が訊け、表情も観察できる ●対象者に合ったインタビューができる ●相互刺激により発想の拡大や新しい発想が期待できる ●調査後すぐに評価検討ができる	●調査結果を母集団に一般化できない ●運営も結果も司会者と分析者の力量に左右される ●声の大きい少数サンプルに議論が偏る傾向がある
ダイレクトインタビュー （対象者とインタビュアが1対1で面談する）	●対象者本人に質問することができる ●対象者の意識構造を把握することができる ●対象者の所在地に行くので、B to Bの調査に適している ●対象者が相談したり、調べたりすることができない ●設問を説明することによって、対象者の誤解をかなり防げる	●調査に時間とコストがかかる ●調査員の訓練が必要である ●サンプルを広域に抽出するとコストがかかる ●プライバシーに関わる調査が難しい ●調査対象者の負担が大きい

3　企画プロセスとマーケティングリサーチ

　商品企画のプロセスには、いくつかのアプローチがありますが、オーソドックスな流れは以下のようになります。
① ターゲット設定…新商品のターゲットを設定する
② ターゲット特性の抽出…ターゲットとなる顧客の属性や使用状況、購買状況における特性を明確にする
③ ニーズの抽出…ターゲット特性を踏まえてターゲットが感じている不満・不具合を抽出する
④ アイデア発想…ニーズを満たす（解消する）商品アイデアを発想する
⑤ コンセプト構築…アイデアを評価、選定し商品コンセプトを練り上げる

　プロセスを進めていくうえでマーケティングリサーチを行います。
　図4-31を見てください。アンケート調査①は、対象となる可能性の高い属性に対して幅広くアンケート調査を実施し、当該商品カテゴリーの使用状況や購買状況、ブランドに対する意識などを聴取し、ターゲット設定のための定量的な情報を収集します。
　次に設定したターゲットがどのような特性を持つのか、また当該商品カテゴリーを使用するシーンや購買するシーンで感じている不具合やニーズなどをターゲットに対するグループインタビューなどで抽出していきます（インタビュー調査①②）。

図4-31

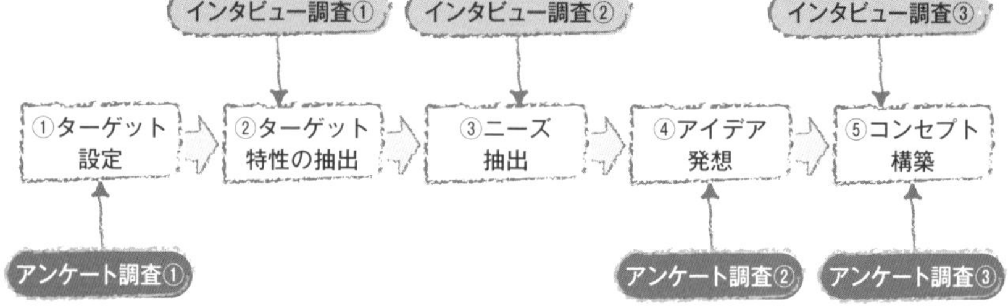

```
          インタビュー調査①   インタビュー調査②              インタビュー調査③
                ↓              ↓                              ↓
┌─────────┐  ┌─────────┐  ┌─────┐  ┌─────────┐  ┌─────────┐
│①ターゲット│→│②ターゲット│→│③ニーズ│→│④アイデア│→│⑤コンセプト│
│   設定   │  │特性の抽出│  │ 抽出 │  │  発想  │  │   構築   │
└─────────┘  └─────────┘  └─────┘  └─────────┘  └─────────┘
      ↑                                    ↑              ↑
 アンケート調査①                      アンケート調査②  アンケート調査③
```

発想したアイデアをターゲット顧客にアンケート調査することで評価の高いアイデアを絞り込みます（アンケート調査②）。

構築したコンセプトがターゲットに受容されるかどうか、質的な評価をインタビュー調査③で、量的な評価をアンケート調査③で確認します。修正点があれば③ニーズ抽出や④アイデア発想に立ち返り、コンセプトを修正していきます。

4 過剰なリサーチをリストラする

経営資源が潤沢にあり、企画に要する時間も充分に取れる場合には、上記のプロセスで実施すべきと考えます。ただ、最近の商品企画プロセスにはそれほど余裕（時間的・資金的）がないのが実情です。

これまで説明してきた仮説設定プロセスでは、コンセプト立案までのプロセスを一気に短縮し、最終段階でニーズの検証とコンセプト評価を同時に行うことが可能となります。

定量データをベースにして仮説を設定し、簡易インタビューや2次データで検証することによって強化された仮説はじっくりと精査され、高い魅力を持ったものに仕上がっているので、最終段階でニーズの存在を検証することで代用可能です。従来設定していた仮説よりも精度が高まっているので、検証頻度を少なくすることが可能となるのです。

コンセプトの質的な評価に関しては、「ソーシャルリスニング」やリアルの「簡易インタビュー」で補足していきます。

従来は顧客に対して尋ねる（Asking）タイプのリサーチでしたが、

図4-32 仮説設定プロセスを織り込んだ商品企画プロセス

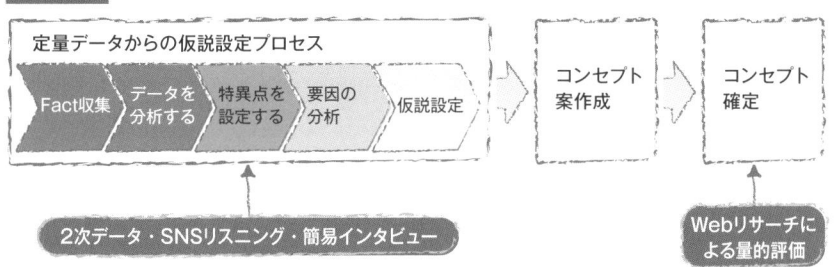

ビッグデータ時代では、聞く（Listening）タイプのリサーチに代替することが可能であると考えています。

5　仮説に深みを与える定性情報を集める

①　SNSを使って仮説を検証する

　従来型のリサーチはアンケートやインタビューによって、対象者に「状況や認識、意識」を尋ねる（Asking）形式といえます。SNSが普及した今日では、さまざまな生活者（消費者）が発しているキーワードを傾聴する（Listening）ことができます。

　そういったリスニングリサーチは、「調査時点が固定的ではなく自由に期間設定できる」「リサーチの方向性を柔軟に修正できる」「消費者や顧客の生の声を聴くことができる」「リサーチャーが考えもしなかった回答が得られる」「サンプル規模が大きい」「低コスト」などのメリットがあり、仮説検証の位置づけとしても活用範囲が広がっています。

　インターネットの検索エンジンを活用すると、特定のキーワードに対する消費者の興味の深さを測定することができます。

　たとえばGoogle trendで、「プレミアムビール」と入力すると、キーワードがSNS上でどの程度話題になっているか、その推移を見ることができます（図4-33）。数値は実数ではなくピークを100とした場合の

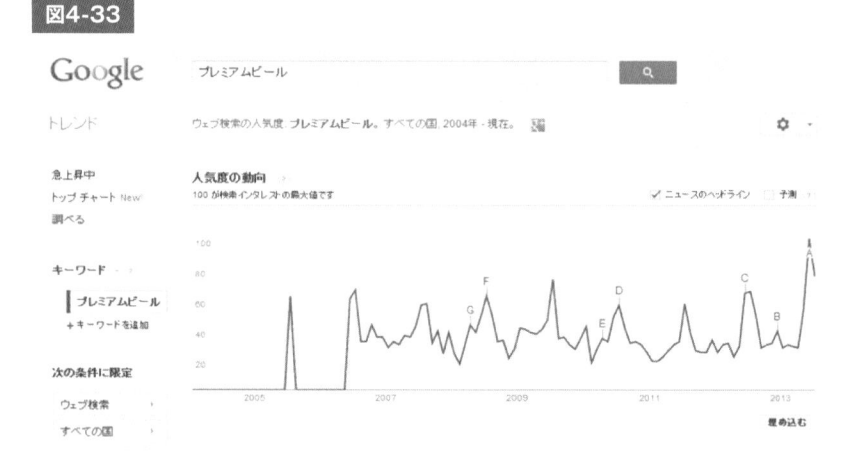

図4-33

図4-34

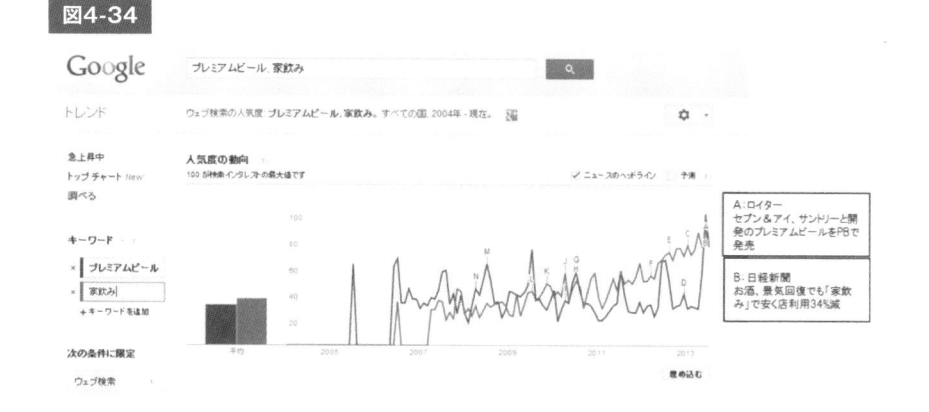

各時点の比率が表示されます。合わせて各時点でのニューストピックも掲載されます。

この機能の優れている点はキーワードに関連のあるワードを同時に測定できる点にあります。たとえば「プレミアムビール」の状況仮説として「家飲みの増加。外飲みの代わりに家ではちょっと贅沢をしたい」とありました。これにより、「プレミアムビール」と「家飲み」の関連が深いと考察できます。

そこでGoogle trendに「家飲み」というキーワードを追加させると両者の関連を時系列で把握することができます。

図4-34のとおり、2つのキーワードの関連が高まっていることが確認できます。

Googleではアラートシステムを提供するほか、Insight for Searchの結果をダウンロードして、分析しやすいように表計算ソフトやデータベースにインポートする機能も提供しています。検索エンジンサービスは常に進化を続けているので機能面の確認が必要です。

これ以外の検索エンジンとしては「Yahoo！リアルタイム」があります。このサービスは、Google trendよりも短期に話題となっている状況を掴むことができます。twitterのつぶやきやFacebookのコメントをリアルタイムで見ることができ、消費者がキーワードに対して、どのように関わりを持つようになってきているのか立体的に理解することができ

ます。

　ところで、Yahoo！を使用しているのはファミリーやプライベート用途で使用する人が多く、Googleを検索エンジンとして使用している人はビジネスでのシチュエーションがベースとなっている傾向がみられます。このことを母集団の前提として留意してください。

② 簡易インタビュー

　仮説を立てたら家族や知人などの中からターゲットに近い属性の方にインタビューをしてみましょう。BtoCであれば周囲にいる方に協力をもとめることで、容易に情報を収集することができます。

　BtoBの場合は直接顧客に話を訊いてみるのも有効です。BtoBの商品企画は実際に仮説を顧客に提案してみることで、仮説の精度が高まりブラッシュアップすることで、その企画の実現確率が上がります。

　また、自社と顧客の間に代理店が介在している場合は、代理店や営業担当者の意見も重要な情報となります。

　なお、簡易インタビューといっても協力者に迷惑がかからないように、最低限の心構えが必要です。そこで、次ページに示す図4-35に示すような基本的な心構えに留意することが大切となります。

　そのうえで、貴重な時間を割いてもらうので聞き逃しがないように、質問項目を事前に整理しておく必要があります。精緻な台本のようなものは必要ありませんが、大まかな話の展開、シナリオは必要です。インタビューフローシートを作成することで、漏れのないように準備をしましょう。

　インタビューフローシートを作成することで、話がそれたり、想定外の事態で時間が短縮した場合に、最低限訊いておかなければならない項目について、スムーズに対応することができます。

　あくまでもインタビューフローシートは大まかなシナリオくらいに考えて、相手のペースに合わせて柔軟に、話を訊き出すことを心がけましょう。

　目的は相手から有効な情報を入手することにあります。シナリオどお

図4-35 簡易インタビューの心構え

1. 相手をリラックスさせる
- インタビューに応じてくれた感謝の気持ちを忘れない
- 自分よりも回答者が緊張している。話しやすい雰囲気づくりが重要
- 日頃感じている本音ベースの話が重要であることを伝える

2. 自分が話すのではなく相手に話してもらう
- 大きな話題から細かな話題へ展開する
- まずは自由に発言してもらう。その後、抜けている事項を質問する。インタビューフローを気にしない
- 相手の発言に相槌を打つのも忘れない

3. 正しく理解するための質問を繰り返す
- 抽象的な答えが出てきたら具体的な例を訊く
- 人によって基準の異なる表現（結構ある。たまにある）は数字でおさえる
- 専門的技術的な用語に理解のズレがある可能性も考え、簡単なことでも確認をする

4. 本来の目的を忘れない
- インタビューすることが目的ではない。常に本来の目的に立ち戻り、調査目的を考えながらインタビューする
- 理解度に応じて質問にメリハリをつける
- 相手との共同作業で実情を把握する。インタビューは議論ではない

りにインタビューを進めることには、さほど大きな意味はありません。

③ 2次データを活用する

仮説設定のプロセスを進めていくなかで、仮説を強化させるために、ソフトなFactとしての定性データを収集します。それにはたとえばインターネット検索によってインタビュー調査の結果を収集できることもできます。また会員組織制をとっているMDBでは座談会の結果レポートを見出すこともできます。国会図書館でもビジネス雑誌を中心にソフトなFactを探索することが可能です。

こうした2次データから定性データを集めて、仮説をブラッシュアップさせていくことができます。

図4-36

インタビューフローシート

インタビュー対象者	質問項目	時間
	1.	/
	11	/
	12	/
	13	/
調査目的	2.	/
	21	/
	22	/
	23	/
	3.	/
	31	/
	32	/
	33	/
仮説	4.	/
	41	/
	42	/
	43	/

6 コンセプトを検証するための定量調査

① 検証のためのターゲットの設定

仮説を検証する目的は「立てたコンセプトがターゲットにきちんと受容されるか」「ターゲットにとってニーズ仮説は当てはまるか」にあります。そこで重要になるのが、ターゲットをどのように捉えるかです。

仮説設定プロセスではデモグラフィックで捉えることが多くなりますが、コンセプトが受容されるかどうかはデモグラフィックに加えて、マーケティングとして買ってもらいたい顧客層であるかどうかということが重要です。それを判断するために活用したいのが、「**ロジャースのイノベータ理論**」です。商品が普及していくにはまずはイノベータが購入し、アーリーアダプタの購入に至ります。その影響を受けてマジョリティが購入し出すというものです。

この理論に則れば、商品やサービスを提供する企業としては、アーリーアダプタに購入してもらうことが重要だということです。
　従って仮説検証においても、このアーリーアダプタがコンセプトを受容するかどうか、ニーズ仮説が当てはまるかどうかを検証しなくてはなりません。ターゲット全体に受容されたとしても、流行に敏感でモノを見る目を持ったアーリーアダプタの感性に受け入れられなければ、マーケティングとしては成功する確率は高まりません。
　そのため、仮説検証の定量調査では、ターゲットを絞り込む質問も含ませておくことが必要です。

ターゲット：デモグラフィック＋買ってもらいたい人（アーリーアダプタ）

　アーリーアダプタはその商品カテゴリーへの関心が高く、購入時期も早期となります。たとえばスマートフォンではＩＴ機器に関心が高く、iPhoneが発売された当初に購入した層が該当します。アーリーアダプ

図4-37 イノベータ理論

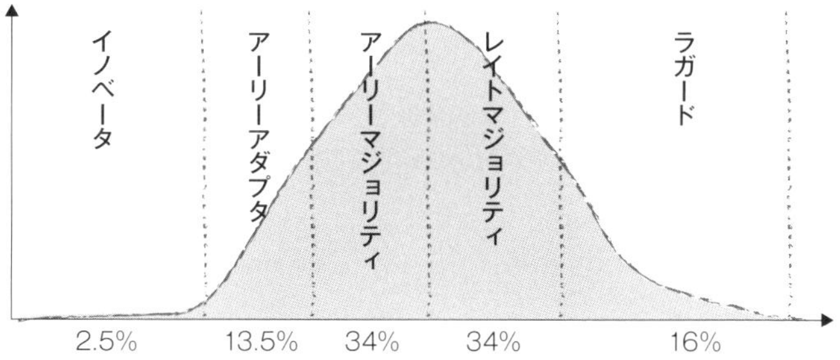

イノベータ （革新的採用者）	冒険的で、最初にイノベーションを採用する
アーリーアダプタ （初期採用者）	自ら情報を集め、判断を行う。マジョリティから尊敬を受ける
アーリーマジョリティ （初期多数採用者）	購買に比較的慎重。アーリーアダプタに相談する。追随的な採用行動を行う
レイトマジョリティ （後期多数採用者）	うたぐり深く、世の中の普及状況を見て模倣的に採用する
ラガード （採用遅滞者）	最も保守的・伝統的で、最後に採用する

（分布：イノベータ 2.5%、アーリーアダプタ 13.5%、アーリーマジョリティ 34%、レイトマジョリティ 34%、ラガード 16%）

タは他の層へ好影響を与えます。「関与度は高いが購入には慎重な層」や、「関与度は高くないが新しいモノ好きな層」に対して、「羨ましい」「自分も欲しい」などと好影響を与えます。

仮説検証のリサーチを実施するときには、アーリーアダプタを見極める設問として「当該商品カテゴリーに対する関与度」と「新商品の購入タイミング」の2つを織りまぜておきます。

図4-38 スマートフォンの例

	設問例	選択肢
関与度	スマートフォンでできることについてどの程度知っていますか？	1. 最新のことまで、かなり詳しく知っている 2. 人並み以上のことは知っている 3. 基本的なことは知っている 4. あまり詳しくは知らない 5. 全く知らない
購入タイミング	IT商品の新商品が出た時に購入するタイミングはいつ頃ですか？	1. 発売と同時に手に入るようにする 2. なるべく早期に購入することが多い 3. 周囲が手に入れはじめたら購入する 4. 所有している人の評判を聞いたうえで購入する 5. 新商品には動じず自身のタイミングで購入する

② 評価方法は5段階が判断しやすい

魅力度やコンプトの受容性を判断するのには、5段階評価が有効です。2択とした場合には、アンケートの実施主体に気をつかい、さほどそう

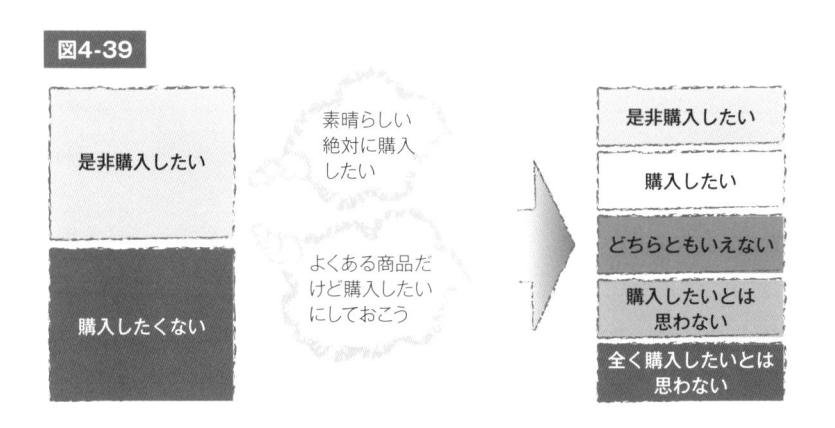

図4-39

思っていなくても「魅力がある」「購入したい」など肯定的な意見を選択しがちです。3択にすると「どちらともいえない」と中央に集中する率が高まります。「どちらともいえない」という回答をばらす意味合いと、「魅力がある」「購入したい」の気持ちを細分化して、購入に結び付く評価がどの程度あるのかを知る意味で、5段階評価が適切と考えます。

　BtoCの場合には商品に対する関与度が低いケースが考えられます。そこで「購入したいか」「購入したくないか」の判断がつかない回答を取り除く必要があります。そのため、「どちらともいえない」を設けて、そういったあやふやな意識を少なくする必要があります。

③　トップボックスで判断する

　従って、5段階評価の結果を判断する場合には、トップボックス（最上位の回答）である「大変満足」や「是非購入したい」と回答した比率に着目します。

　次に何パーセントであれば、「満足している。購入したい」と判断すべきでしょうか。前記のようにトップボックスに入ることは特別だと考えられるので、確率的な数値の20％（100％÷5択）を基準とすべきと考えます。20％以上あれば、「満足している。評価されている」と考えます。

　実務上は、対象商品や顧客の特性を踏まえて、自社独自の合格ラインを設けることが望ましいでしょう。ある菓子メーカーでは、事前の評価について、トップボックスで30％、セカンドで50％の評価を基準としています。こういった数値は過去の事前アンケート調査の結果と実際の購買実績を比較して、基準をつくり上げていきます。

④　潜在ニーズの評価方法

　定量データからの仮説設定法では、コンセプト評価と同時に潜在ニーズも確認します。ターゲットの意識の中に、仮説として導き出した想定ニーズがあるのかどうかを確認します。潜在ニーズの評価についても、5段階が適しています。5段階評価とすることで、回答者が選択肢とし

てのニーズ仮説を流して読まないようになります。1つ1つのニーズについて「非常に当てはまる」のか「当てはまる」「どちらともいえない」のかのランク付けをすることでしっかりと考えてもらうことができます。このことにより、ニーズの大きさをより細かく把握することができます。

⑤　コンセプトの評価方法

　コンセプトを評価するには、いくつかの指標が必要です。商品企画ならばコンセプトが購入に結びつくかどうか、「①購入意向」は必須の評価軸となります。併せて「②魅力」があるのかどうかという評価軸も加えます。魅力はあるが購入しない（購入意向が低い）という事態は充分あり得るからです。

　自身の生活シーンにとって欲しいと感じさせる魅力はあるが、価格が高いとかメンテナンスに手間がかかるなどの気持ちがあると、購入意向は高い数値を示しません。その場合、コンセプトのうちでも商品概要に問題があると想定がつきます。

　さらに評価軸としては「③新規性」も加えておきましょう。新規性とはこれまでに見たことがない、競合企業の存在の有無を示してくれます。新商品の購入意向を高めるには、この新規性という軸は有効に働きます。「新しいモノ」を購入したいという欲求は少なからずあるからです。新しいモノは話題にもなりやすく販売促進の企画にも展開できるからです。

第5章

仮説から戦略を考える

1 マーケティング戦略とは

　本章ではこれまでの「仮説プロセス」と「マーケティング戦略」の関係性を考えていきます。

　ビジネス現場では「戦略」というキーワードを耳にすることが多いと思います。戦略がないままに、場当たり的に企業活動をしてもうまくいくことは多くありません。

　企業活動を俯瞰して眺めると、まずは「経営理念」があり、経営理念を前提として「ビジョン」があります。ビジョンは中期経営計画などの名称で3年から5年先のゴール（到達点）として全社員の共通の目標と活動の方向性を見定める指針となります。目標は「売上高や営業利益」などの定量的な財務目標と、事業形態やブランドの確立など「あるべき状態」を示す定性的な目標が掲げられます。これらは、全社員の共通の目標と活動の方向性を見定める指針となります。

　ただ、ビジョンは方向性を示しているだけなので、具体的にどのように達成していくかを示しているわけではありません。そこで「戦略」という概念が登場するのです。

　戦略により、売上目標を達成するために「どのような市場を狙うのか？」「競合企業とどう戦っていくのか？」ということを具体的に考えることができます。

　そして、戦略とは「有限の経営資源を有効活用する」と定義できます。企業の保有する「人材」「設備・商品」「資金」「時間」「情報・ノウハウ」などの経営資源には限りがあります。従って、できるだけ効果の高いモノやコトに資源を集中させることで、多くのリターンを獲得しようということです。

図5-01 戦略とは

目的・目標を達成するための有限資源（ヒト・モノ・カネ・時間・情報）の有効配分、運用の計画

- 経営資源が潤沢であれば、色々な市場に対応できる
- 経営資源がそれほど潤沢でなければ、重点化を図って経営資源を集中させ、大手と勝負する
- 総合戦は戦力（経営資源）がものを言う。局地戦に持ち込んで部分的に勝利を収める
- どこに力を入れるかを検討することが戦略立案の意義
- 顧客×商品カテゴリー×具体的施策で代替案を考える

　戦略は何かに「重点化」することです。裏を返せば何かを「捨てる」ことです。何に重点を置いて何をやらないのかを明確にするということになります。

　戦略的な考え方をせずに、その場限りのビジネスを展開しても、あまり効果は上がりません。

　極端な例として、今月は富裕層をターゲットとしてうまくいかなかったから、来月からは中流層を狙うようにしよう・・・では多くの成果を期待することはできません。少なくとも決定した方向性を1年は継続しないと、大きな成果は見込めません。

　マーケティング分野で戦略を検討するということは、「ターゲットをどこに設定するのか？」「どのような商品やサービスを展開するか？」「どのように商品やサービスの魅力（価値）を伝えるのか？」といった要素になります。

　ただ自社の商品やサービスがターゲットとして設定した特定の顧客に受け入れられるかどうかは、やってみなければわかりません。その意味で戦略は仮説そのものということができます。

　これまで情報収集からデータ分析、特異点の設定、要因分析という流れを説明してきました。これら仮説設定プロセスを戦略立案に活かしていくとどうなるのかを見ていきましょう。

2 仮説からマーケティング戦略を考える

　これまで策定してきた仮説設定のプロセスを「戦略の策定ベース」に落とし込んで考えてみましょう。
　状況仮説を踏まえて、マーケティング目的を果たすためのマーケティング課題を設定します。そのうえで課題解決のための施策アイデアを発想するという流れです。
　プレミアムビールの状況仮説からマーケティング課題に展開してみましょう。
　定量データから導き出した状況仮説は「家飲みが増加し、家ではちょっと贅沢したいと考えている」としました。当該ブランドのマーケティング目的は、現市場での市場浸透戦略の枠組みの中で、「リピート需要をいかに促進するか」という前提で考えます。その場合、「家飲みでちょっと贅沢したい」という顧客が置かれている状況を踏まえると、「利用頻度の高いロイヤル顧客の家での飲用頻度を増加させる」がマーケティング課題となります。
　マーケティング課題は戦略遂行のために行うべき重要なことと認識してください。マーケティング課題を解決するために、施策が展開されますので、課題設定は重要な決定項目となります。マーケティング課題が設定されれば、課題解決のための施策アイデアに展開できます（図5-02）。
　この例であれば、飲用頻度を増加させるために、いつでも手軽に、キンキンに冷えたおいしいプレミアムビールが飲める「しかけ」として「缶ビール用のサーバーを消費者キャンペーンとして打ち出す」となります（図5-03）。

図5-02

- 状況仮説
  顧客が置かれている状況
- マーケティング目的の明確化
  戦略実現のためにすべきこと

→ マーケティング課題
  マーケティング目的を達成するためにやるべきこと

→ 施策アイデアの発想
  自社の強みを活かした、課題解決のためのアイデア

図5-03

- (状況仮説)
  「家飲み」が増加し家ではちょっと贅沢にしたい
- (マーケティング目的)
  リピートを促進させる

→ (マーケティング課題)
  ロイヤル顧客の家での飲用頻度を増加させる

→ (施策アイデア)
  缶ビール用サーバーのプレゼント企画

1 マーケティング目的を明確にする

先程のプレミアムビールの例にもあったように、マーケティング目的は「マーケティング戦略」によって規定されます。

マーケティング戦略のフレームワークの代表的なものとして、「**アンゾフの商品市場マトリクス**」や「**ポーターの競争戦略**」があります。

アンゾフの商品市場マトリクスは、商品と市場（顧客）の組み合わせから、最も自社の強みが活かせるものを選定するフレームワークです。

図5-04 アンゾフの商品市場マトリクス

市場＼商品	既存	新規
既存	市場浸透	商品開発
新規	市場開拓	多角化

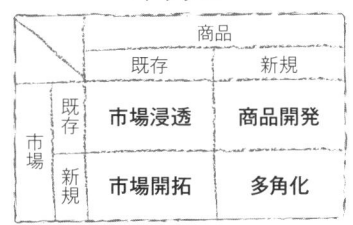

図5-05 ポーターの競争戦略

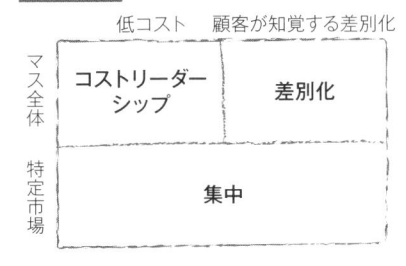

	低コスト	顧客が知覚する差別化
マス全体	コストリーダーシップ	差別化
特定市場	集中	

173

左上のセル(既存市場×既存商品)が減衰している際に、どう打開していくかを考えるときに使われます。

ポーターの競争戦略は、どの市場(市場全体か一部か)でどのように(低コストか差別化か)戦っていくかというマトリクスの中から市場展開を検討していくフレームワークです。

これらのフレームワークでは、たとえば「市場開拓戦略」や「コストリーダーシップ戦略」というように、各セルに入っているキーワードの後ろに「戦略」を付けて使用します。

各戦略を遂行するうえでの方向性を示すのが、「マーケティング目的」となります。マーケティング目的に商品市場マトリクスを当てはめてみると、市場浸透戦略において、「市場シェアを拡大するか」「既存顧客からのリピートを促進するか」、もしくは今まで当該商品カテゴリーの購入をしていない「ノンユーザーの購入を喚起するか」を選択します。

「市場開拓」では、今まで展開していなかったエリアを開拓する「地理的拡大をするのか」、女性向けに展開していたのを男性向けにも拡大していく「新しいセグメントの開拓をするのか」ということになります。

図5-06 アンゾフの商品市場マトリクスの活用例

市場浸透	商品開発
市場シェアの拡大(他社顧客奪取) リピートの促進 ノンユーザーの購入喚起	改良・改善 ブランド・エクステンション 新商品コンセプト立案
市場開拓	**多角化**
地理的拡大 新しいセグメントの開拓 チャネル開拓	関連市場における多角化 非関連市場における多角化

2　マーケティングの課題を抽出する

①課題の創出

　マーケティング目的を達成するために、どのような施策を講じるのかを検討する必要があります。

　先程の例で、市場開拓戦略のもとで地理的拡大をマーケティング目的とした場合、どのように地理的拡大を図っていくのかについての代替案（オプション）を出していきます。「国内の未開拓エリアに進出していくのか？」「成長著しいアジア市場へ展開するのか？」「先端市場である北米市場へ打って出るのか？」などが代替案として考えられます。

　これは戦略ごとにマーケティング目的を明確にし、さらにそのうえでマーケティング課題を選定していくというアプローチになります。

図5-07

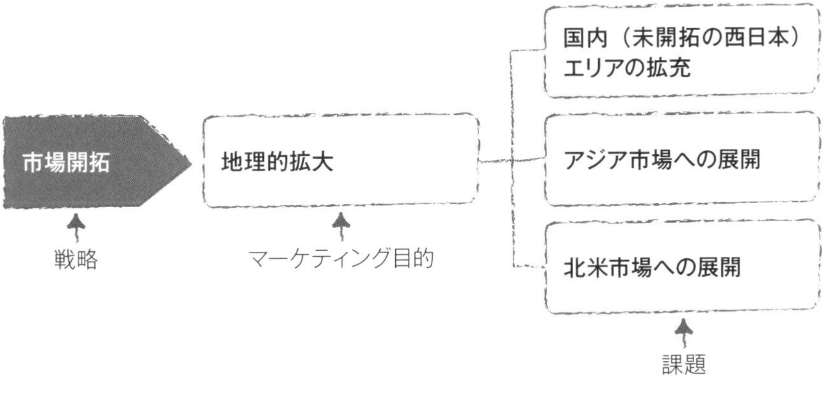

```
                                    ┌─ 国内（未開拓の西日本）
                                    │   エリアの拡充
                                    │
  市場開拓  →  地理的拡大  ─────────┼─ アジア市場への展開
                                    │
                                    └─ 北米市場への展開

    ↑              ↑                          ↑
   戦略      マーケティング目的              課題
```

　マーケティング課題は、企業の状況によって変わります。たとえば、「市場浸透戦略」における「市場シェアの拡大」というマーケティング目的を設定したとします。自社商品の差別化が明確に訴求できるのであれば、「競合優位性の訴求」がマーケティング課題ということになります。流通カバー率向上の余地があれば、「カバー率向上」が課題となります。

図5-08 戦略とマーケティング課題の例

市場浸透

マーケティング目的	課題
市場シェアの拡大（他社顧客の奪取）	競合優位性の訴求 購入インセンティブの提供 カバー率向上
リピート促進	他頻度使用・日常的使用の喚起 FSPキャンペーン
ノンユーザーの購入喚起	好ましくない結果の排除 トライアル障壁の排除

商品開発

マーケティング目的	課題
改良改善	パフォーマンス向上
エクステンション	ブランド・エクステンション 新用途開発
新商品開発	新技術・新機能・素材開発 新ベネフィット開発

市場開拓

マーケティング目的	課題
地理的拡大	国内未開拓エリア 海外エリア
新セグメント	デモグラフィック軸で設定 サイコグラフィック軸で設定 ビヘイビア軸で設定
チャネル開拓	未取引チャネルを開拓 通販チャネルを開拓

多角化

マーケティング目的	課題
関連市場における多角化	商品・技術関連 顧客・チャネル関連
非関連市場における多角化	―

②課題の選択（設定）

　マーケティング目的を達成するために、やるべきことを代替案として複数創出したら、次はそれぞれの代替案を評価していきます。課題を選定する際に質問を投げ掛けて、すべて「Yes」となったものに取り組んでいくというプロセスになります。

　先の例でいえば、「投下戦力」「ベネフィット提供の可否」「顧客の規模」の３軸で、取り組むべき課題であるかどうかを見極めていきます。

図5-09

	国内エリアの拡充	アジア市場への展開	北米市場への展開
投下戦略 （その市場に戦力を多く展開できるか）	○ 国内の人事異動は容易	△ 語学の問題	○ 提携チャネル活用
ベネフィット提供の可否 （エリア特性に合致したベネフィットを提供できるか）	○ 東日本とニーズは類似	○ 親日エリア	× 競合と差別化が困難
顧客の規模 （顧客の規模は十分か）	○	× 後進であり少数	○

この例では、すべての質問に対して「Yes」となった「国内（未開拓の西日本）エリアの拡充」を課題として設定します。

　戦略から課題設定までの流れを整理すると、図5-10のようになります。

図5-10

戦略 ↓	市場開拓（新市場を開拓する）
マーケティング目的 ↓	地理的に拡大する（今まで展開していないエリアを開拓）
マーケティング課題	国内（未開拓の西日本）エリアの拡充を図る

ケース 4

ヨーグルトメーカーの商品戦略

ヨーグルトの市場規模推移からヨーグルトメーカーの商品戦略を仮説として立ててみましょう。

矢野経済研究所の「和洋菓子・デザート類市場に関する調査結果2012」によると以下のように記載されています。

> 2011年度のヨーグルト市場は、メーカー出荷金額ベースで3390億円（前年度比104.3%）と、和洋菓子・デザート類市場の中では好調な分野の一つとなっている。同市場は、健康志向の高まりから2009年度に拡大へ転じた。それ以降、消費者嗜好の多様化を背景に、機能性を高めた脂肪ゼロタイプや複数のフレーバーを組み合わせた4ポットタイプのソフトヨーグルトが好調に推移した。2011年度は利便性の高いドリンクタイプの新商品が各社から多く発売され、市場を活性化させた。整腸作用に加え、乳酸菌の様々な健康作用がメディアで特集されたことが追い風となり、市場拡大の要因となっている。
>
> ～矢野経済研究所ニュースリリースより引用～

図5-11 ヨーグルト市場規模推移

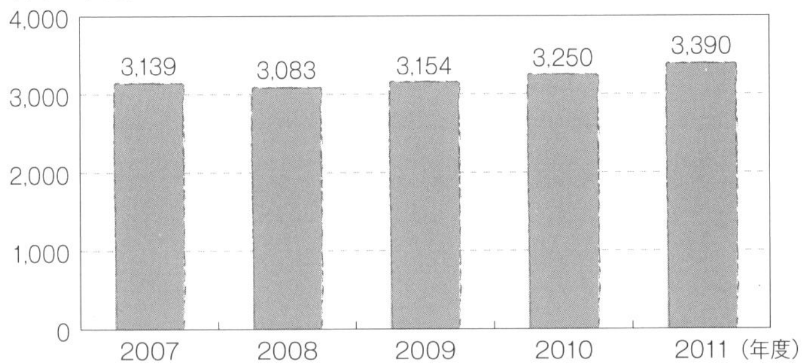

（単位：億円）
4,000
3,000
2,000
1,000
0
3,139
3,083
3,154
3,250
3,390
2007
2008
2009
2010
2011（年度）

注：メーカー出荷金額ベース

出所：（株）矢野経済研究所「和洋菓子・デザート類市場に関する調査結果2012」（2013年1月30日発表）

この情報から、ヨーグルト市場は成熟期にあるものの、参入メーカーの経営努力によって、微増ながら成長していると捉えることができます。市場成長の要因として、仮説としては、「①これまでヨーグルトを食べていなかった非顧客層が食べだした」「②これまで食べていた人の食用頻度が増加した」の2つが考えられます。どちらか一方、もしくは両方同時に起きたと考えることができます。

　さらに情報収集を進めると、ネットリサーチ会社のマイボイスコム（株）が2012年1月に実施したインターネット調査（回答者数10,563名）の結果を見出しました（図5-12）。

図5-12

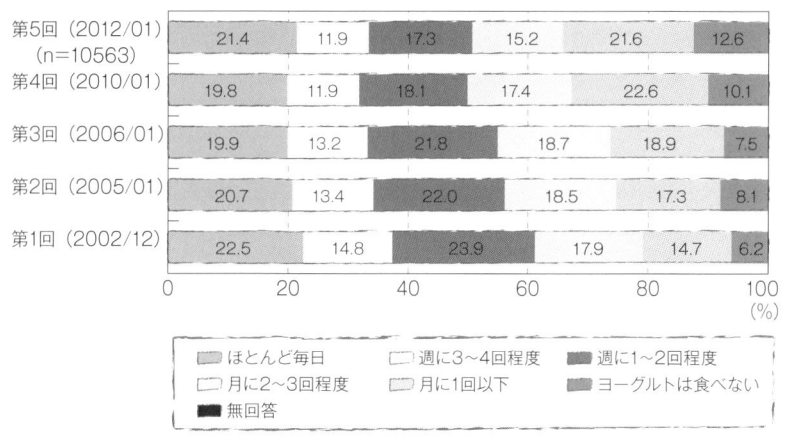

調査回	ほとんど毎日	週に3~4回程度	週に1~2回程度	月に2~3回程度	月に1回以下	ヨーグルトは食べない
第5回（2012/01）(n=10563)	21.4	11.9	17.3	15.2	21.6	12.6
第4回（2010/01）	19.8	11.9	18.1	17.4	22.6	10.1
第3回（2006/01）	19.9	13.2	21.8	18.7	18.9	7.5
第2回（2005/01）	20.7	13.4	22.0	18.5	17.3	8.1
第1回（2002/12）	22.5	14.8	23.9	17.9	14.7	6.2

注）過去調査は、今回調査の性年代構成比にあわせてウエイトバックをした集計値
出所：マイボスコム「ヨーグルト第5回調査」

　この結果を見ると、「ヨーグルトは食べない」と回答した非顧客は増加傾向にあると考えることができます。市場規模の年次と調査実施年月にギャップがあるので、断定はできませんが、傾向として非顧客が減少している（非顧客が食べだした）とは言い難い状況は類推できます。

　さらに、ライフメディアリサーチバンクの調べ（2011年11月実

施／10代から60代の全国男女対象／有効回答2446件）によると食用頻度が高いのは50代と60代の女性といえます（図5-13）。

図5-13 あなたはヨーグルトをどのくらいの頻度で食べていますか？

※単一回答／10代〜60代の全国男女（n=2446人）

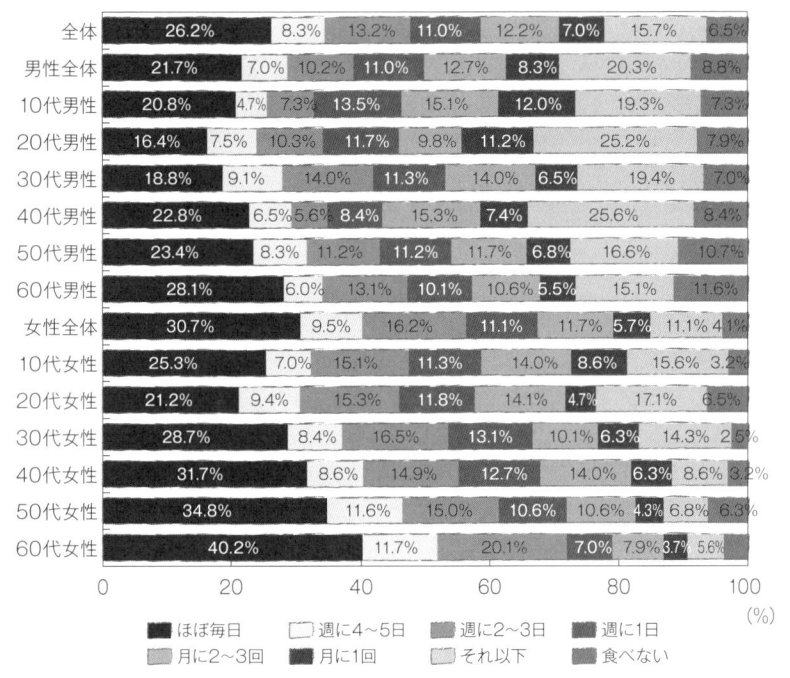

	ほぼ毎日	週に4〜5日	週に2〜3日	週に1日	月に2〜3回	月に1回	それ以下	食べない
全体	26.2%	8.3%	13.2%	11.0%	12.2%	7.0%	15.7%	6.5%
男性全体	21.7%	7.0%	10.2%	11.0%	12.7%	8.3%	20.3%	8.8%
10代男性	20.8%	4.7%	7.3%	13.5%	15.1%	12.0%	19.3%	7.3%
20代男性	16.4%	7.5%	10.3%	11.7%	9.8%	11.2%	25.2%	7.9%
30代男性	18.8%	9.1%	14.0%	11.3%	14.0%	6.5%	19.4%	7.0%
40代男性	22.8%	6.5%	5.6%	8.4%	15.3%	7.4%	25.6%	8.4%
50代男性	23.4%	8.3%	11.2%	11.2%	11.7%	6.8%	16.6%	10.7%
60代男性	28.1%	6.0%	13.1%	10.1%	10.6%	5.5%	15.1%	11.6%
女性全体	30.7%	9.5%	16.2%	11.1%	11.7%	5.7%	11.1%	4.1%
10代女性	25.3%	7.0%	15.1%	11.3%	14.0%	8.6%	15.6%	3.2%
20代女性	21.2%	9.4%	15.3%	11.8%	14.1%	4.7%	17.1%	6.5%
30代女性	28.7%	8.4%	16.5%	13.1%	10.1%	6.3%	14.3%	2.5%
40代女性	31.7%	8.6%	14.9%	12.7%	14.0%	6.3%	8.6%	3.2%
50代女性	34.8%	11.6%	15.0%	10.6%	10.6%	4.3%	6.8%	6.3%
60代女性	40.2%	11.7%	20.1%	7.0%	7.9%	3.7%	5.6%	

出所：ライフメディア「ヨーグルトに関する調査」
(research.lifemedia.jp/2011/11/111122_yoghurt.html)

これらのデータから、

> ヨーグルトは成熟期にありながら、女性50代60代が健康を意識して、頻度を増加させたことによって近年市場が成長している。

と仮説を立てることができます。

　ブランド別のID付POSデータを分析すると図5-14のような結果となりました。全国スーパーの1年間のヨーグルトの顧客別、購入ブランド別の集計データをもとにパレート図を作成しました。

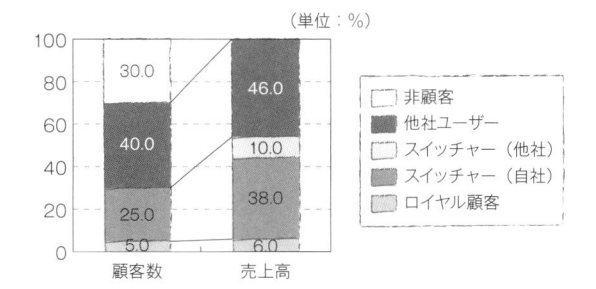

図5-14

(単位：%)

顧客数: 非顧客 30.0 / 他社ユーザー 40.0 / スイッチャー（他社）25.0 / スイッチャー（自社）5.0

売上高: 非顧客 46.0 / スイッチャー（他社）10.0 / スイッチャー（自社）38.0 / ロイヤル顧客 6.0

　ここ1年間でヨーグルトを購入した顧客の中で自社商品のみを購入した顧客をロイヤル顧客として、全体の顧客数の中の割合を求めました。そしてヨーグルト全体の売上高に占めるロイヤル顧客が購入した自社商品の比率を求めています。

　スイッチャーはここ1年間のうち、自社商品と他社商品を併買した顧客です。売上高のスイッチャー（自社）はスイッチャーが購入した自社商品の比率です。売上高のスイッチャー（他社）は、スイッチャーが購入した他社商品の比率です。

　マーケティング課題としては、

① スイッチャーのロイヤル顧客化
② スイッチャーの自社購入比率を高める
③ 他社ユーザーを取り込む
④ 非顧客を取り込む

以上が考えられます。

　さらに分析を進め、売上高構成比を時系列に分析すると図5-15のようなグラフができます。

　これまでの営業努力によって、スイッチャーの自社比率を年々高めていることがわかりました。

　スイッチャーにおける自社のシェアが約8割（38÷48＝79％）

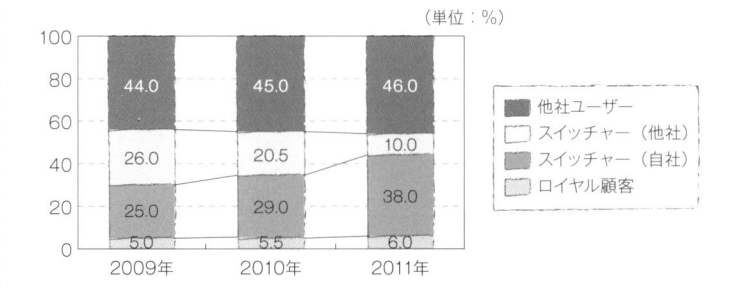

図5-15

	2009年	2010年	2011年
他社ユーザー	44.0	45.0	46.0
スイッチャー（他社）	26.0	20.5	10.0
スイッチャー（自社）	25.0	29.0	38.0
ロイヤル顧客	5.0	5.5	6.0

（単位：%）

ありますので、限界に近づいています。従って、これ以上②の戦略を展開しても、大きな成果は得られないと考えます。

④を解決することができれば大きな需要を手にすることができます。非顧客のヨーグルトを食べない理由（購入のボトルネック）を探り、それを解消した商品を開発することが施策の方策として考えられます。ただ、「嫌いな人」を振り向かせることはかなり難しいことと考えられます。

となると最も実現性が高く、高い効果が期待できるのは、「③他社ユーザーを奪取する」となります。

これには、自社を選ばずに他社を選んでいる理由を探索し、ミートするというやり方が考えられます。同社は売上シェアで44%とトップメーカーであるので、他社の差別化要因にミートした戦略を展開することは、それほど難しいことではありません。他社にミートして（他社の特徴を）同質化してしまうという戦略が考えられます。

以上の情報から、同社の戦略としては、他社ユーザーの選定要因を調査したうえで、他社ロイヤル顧客の奪取が戦略として有効だろうと仮説を立てることができます。

ケース5 商品戦略の見直し

　エクステリア資材商社のA社は、世界各国の石材やレンガを仕入れ、独自ブランドを立ち上げ、事業展開しています。顧客は大手ハウスメーカーから小規模大工店まで幅広く対象としています。同社のセールスポイントは、独自の感性による自然素材の発掘（目利き）と、カタログにある資材であればレンガ1つでも納品するという機動性にあります。

　今般商品政策の見直しを目的に、過去5年間の商品種類別売上金額データの分析を行いました。その際にPPMを活用しました。

　PPMはボストンコンサルティンググループが開発したフレームワークで、事業が複数ある場合、どの事業に注力すべきかを見出すためのものです。縦軸に事業の成長率、横軸に相対的市場占有率（トップ企業シェアに対する自社シェアの割合）をとります。

　ここでは自社内の商品カテゴリーの特徴を見出すために、横軸は単純に売上全体に占める構成比（シェア）としてPPMを分析ツールとして活用しました。

　PPMから同社の事業を支えているのは、「サクラ」「スミレ」という商品で、主に玄関周りの敷石として用いられるものです。これら2商品で全社売上の47％を占めています。対前年成長率も約100％と安定しており、同社の稼ぎ頭であることがわかります。2商品に次いで有望なのは「ダリア」という商品です。売上構成比が高く、しかも成長しています。さらに成長率が高い「ヒマワリ」「チューリップ」が今後の成長株であるといえます。

図5-16

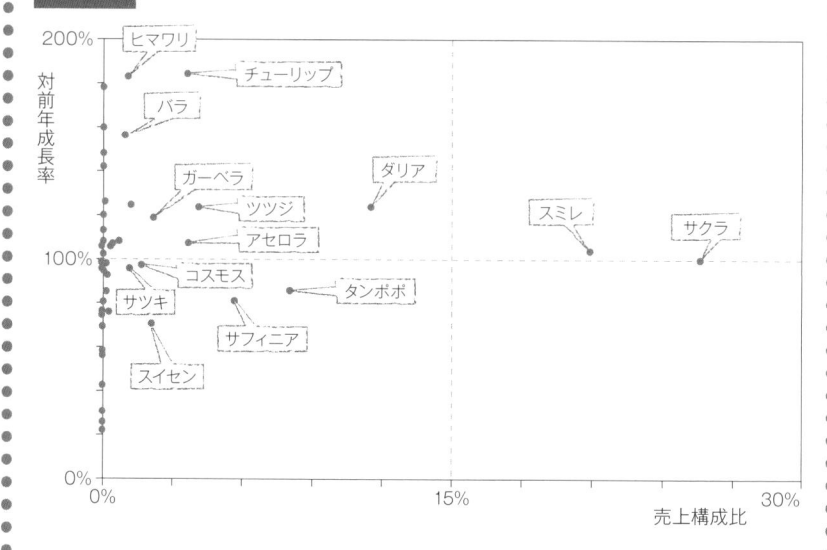

 同社では商品ラインが増えるにつれて、新たなカテゴリーを増やしていったので、便宜上PPMでは前年との比較を縦軸に用いました。
 ただ、1年間の推移で分析すると「偶然の売上」や「たまたまの大型物件」などのバイアスがかかります。そこで、リーマンショック以前の2007年度までさかのぼって、商品カテゴリー別に売上推移をグラフ化してみました（図5-17）。
 すると、稼ぎ頭である「サクラ」「スミレ」はリーマンショックの2008年に大きく売上を落としましたが、2010年度以降、以前の水準まで戻したことがわかります。定番品として売上を支えていますが、グラフの推移から見ると今後さらに売上が急増するとは考えられません。
 対して「ダリア」はリーマンショックをものともせず順調に売上を伸ばしています。今後の成長株として期待ができます。反対に「ヒマワリ」はPPMでは成長株として見られましたが、トレンド分析を見ると傾向としては右肩下がり、低迷カテゴリーと位置づけら

図5-17 A社の商品カテゴリー別売上推移

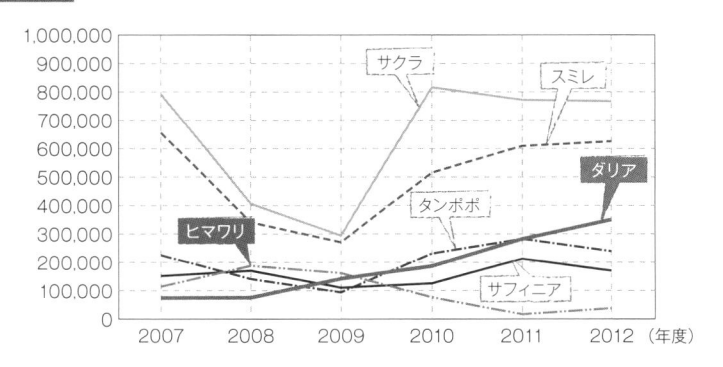

図5-18

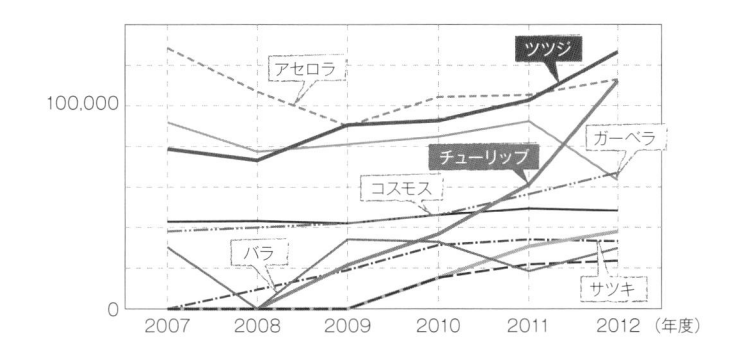

れます。

さらに構成比が低い商品カテゴリーについてトレンド分析を進めると、「ツツジ」と「チューリップ」の売上増加傾向が目覚ましいことがわかります。とくに「チューリップ」は2008年度の発売以降、赤丸急上昇といえます（図5-18）。

これらの分析結果を結びつけるものは何であるのかについて、社内の営業担当者へのヒアリングを実施しました。その結果、「ダリア」「チューリップ」は家庭菜園・ガーデニング用途が多いことがわかりました。「ヒマワリ」も園芸用で使われているのですが、レトロ調の雰囲気でかつては人気があったのですが、最近では、自然素材

の特徴をそのまま生かした「ダリア」に代替されるケースが多いとのことです。

「ツツジ」は玄関周りの敷石としてデザイン面での先進性がうけているとの評判です。

どうやら同社の商品別売上は園芸需要との関連がありそうです。そこで2次データを探索してみると、図5-19と図5-20の資料を見出しました。調査時期が2010年とややズレますが、家庭菜園は着実に生活者の趣味として確立している状況がうかがえます。

図5-19 ガーデニング市場規模推移

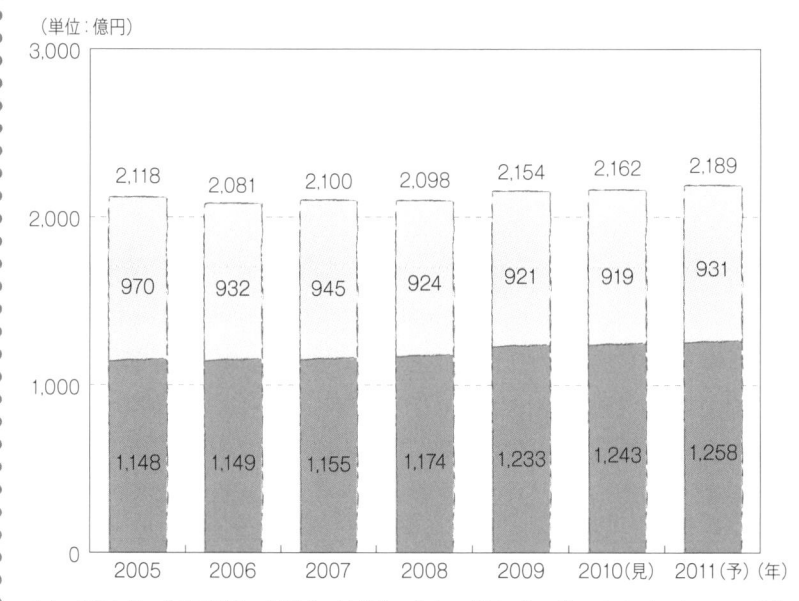

(単位：億円)

年	資材	植物	合計
2005	1,148	970	2,118
2006	1,149	932	2,081
2007	1,155	945	2,100
2008	1,174	924	2,098
2009	1,233	921	2,154
2010(見)	1,243	919	2,162
2011(予)	1,258	931	2,189

注1：植物とは、花壇用苗物、野菜苗・果樹苗、花木、球根、芝・グランドカバープランツ、鉢物等を指し、生産者出荷金額ベースで算出した。資材とは、鉢・プランター、家庭園芸用農薬、家庭園芸用肥料、家庭園芸用培養土、ガーデニング関連商品（輸入ブランドガーデニンググッズ〔グローブ、ウェストエプロン、その他ブランド物〕）、ガーデンファニチャー、ウッドデッキ・トレリス等のウッド製品、園芸関連機器〔芝刈機、噴霧器、散水用品〕、園芸金物類〔移植ゴテ、スイーパー草抜き、ガーデンハンマー、ハサミなど〕等を指し、メーカー出荷金額ベースで算出した。

注2：(見)は見込値、(予)は予測値(2011年7月現在)

出所：(株)矢野経済研究所「ガーデニング市場に関する調査結果 2011」
(2011年8月5日発表)

図5-20 家庭菜園向け野菜苗・果樹苗の市場規模推移

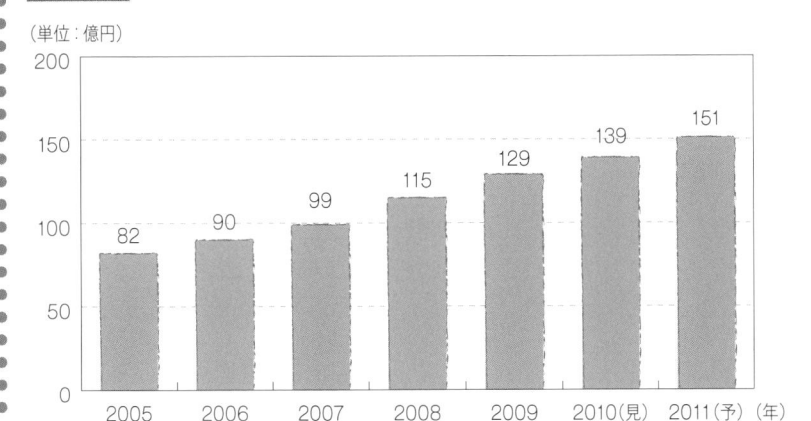

(単位:億円)

年	2005	2006	2007	2008	2009	2010(見)	2011(予)
金額	82	90	99	115	129	139	151

注1:野菜苗とは、トマト・ナス・キュウリなどの果菜類、キャベツ・タマネギなどの葉茎類、ジャガイモ、サツマイモなどの根菜類などを指す。果樹苗とは、ブルーベリーやミカンなどを指す。いずれも生産者出荷金額ベースで算出した。
注2:(見)見込値、(予)は予測値(2011年7月現在)

出所:(株)矢野経済研究所「ガーデニング市場に関する調査結果2011」
(2011年8月5日発表)

まとめると以下3つの戦略と戦術展開が考えられます。

図5-21 A社の3つの戦略と戦術展開

商品戦略	戦術展開
①定番商品「サクラ」「スミレ」の2商品カテゴリーの売上水準を維持する	成長率が安定していることからリピート需要に対応する。大量割引やロイヤル顧客へのアフターサービスの充実、関連商品のクロスセルなど顧客維持施策を中心に展開する
②「サクラ」「スミレ」の次の主力商品として「ダリア」を戦略商品として位置づける	「ダリア」はガーデニング需要が多いことから、同じくガーデニング需要に対応している「チューリップ」とのセット販売を検討する。ガーデニング関連商品の品ぞろえを充実させ、他社の差別化をはかる
③「ヒマワリ」の品揃えを大幅に縮小もしくは撤退	エンドユーザーの嗜好の変化が大きな要因として考えられるので、思い切った縮小が望まれる。その資金や管理工数など経営資源を「ダリア」へ集中させる

3 戦略を実行に移すために

1　企画フォーマットを標準化する

　最後にマーケティング実務への落とし込みということで、フォーマットを共通化することについて触れておきます。言うまでもなく、マーケティングは1人で実施するものではなく、組織で運用されるものです。
　仮説設定についても個人で実施するよりも、複数人で意見を交換しながら進めていくことで、高い成果が期待できます。
　仮説を設定するということは、今年やれば終了というものでもありません。継続して仮説を設定し、検証作業を繰り返し行うことによって、組織における知見は高まり続けます。
　そのときに仮説設定をした人がそれぞれのやり方で実施していたのでは、継続的に組織としての仮説設定力を高め続けることはできません。そこで仮説設定にかかわるフォーマットを標準化することが必要となります。
　本書で紹介したプロセスに則って、標準的なフォーマットを掲載しますので、自社でアレンジしながら活用してください。

【Fact一覧】
　収集したFactを一覧表とし資料番号で管理することでデータとしても保存でき、検索することも容易となります。

No	Fact	概要（定量的なエビデンス）	資料	分類
1				
2				
3				
4				
5				
6				
7				
8				
9				
10				

【Findingシート】
　データを考察するためのシートです。後々仮説ができあがったときにどのようなFactをもとに考察したのか逆引きすることができます。

Fact	Finding

【要因分析・Whyツリー】

横に「なぜ-なぜ」を展開すると、用紙スペースを有効に活用できます。

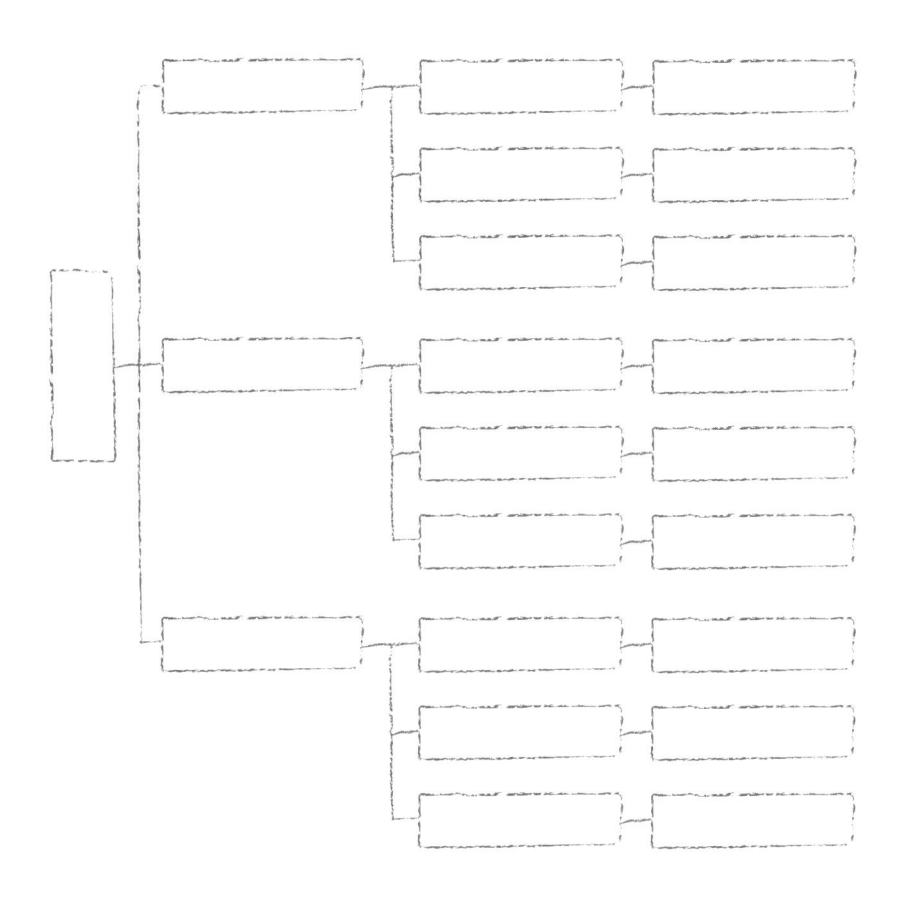

【状況仮説設定シート】

Whyツリーから状況を読み取るためのシートです。

本質的な要因	状況仮説

【ニーズ抽出シート】

状況仮説を想定することで、その状況に浸りニーズを抽出することができます。

状況仮説	潜在ニーズ（仮説）

【コンセプトシート】

コンセプトの構成要素を標準化しておきましょう。

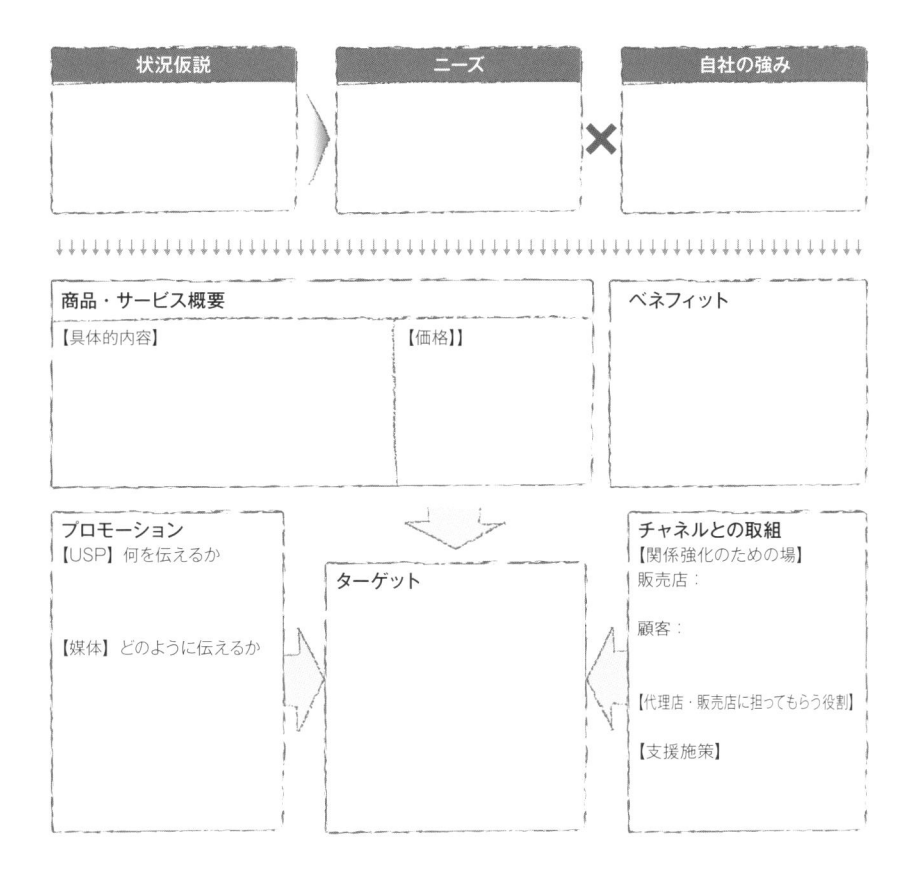

```
┌─────────┐   ┌─────────┐        ┌─────────┐
│ 状況仮説 │ ▶ │  ニーズ  │   ✕   │自社の強み│
└─────────┘   └─────────┘        └─────────┘
```

↓↓↓

商品・サービス概要
【具体的内容】　　　　【価格】

ベネフィット

プロモーション
【USP】何を伝えるか

【媒体】どのように伝えるか

ターゲット

チャネルとの取組
【関係強化のための場】
販売店：

顧客：

【代理店・販売店に担ってもらう役割】

【支援施策】

2　基準をつくる

　サンプル数や比率について基準を定めておくと、過去実績との比較も容易になります。自社の基準をつくり、誰が見ても同じ判断ができるように整理しておきましょう。

図5-22 基準の例

基準	条件
ハードファクトの条件	サンプル数1000以上、標本抽出方法（確率標本による）、調査年（実施2年前まで）
仮説検証方法	最終は定量調査で検証する。 ターゲットの母集団の構成比に合わせてサンプルを構成する
コンセプト受容性	魅力度・新規性・購入意向を判断軸とする トップボックスで20％以上（5段階評価）を合格点とする

3　マネジメントサイクルを習慣化する

　情報を収集し、整理・活用するには、マネジメントサイクルに落とし込むことが必要です。情報収集サイクルを6ヵ月単位で設定するとよいでしょう。

　マーケティング情報の中で顧客や市場に関するモノは随時アンテナを張り巡らして、適宜収集していきます。そのうえで収集した情報をFact一覧に毎月転記することで、フローとしての情報がストック化されていきます。

　さらにFactからFindingを3ヵ月に1度見出し、特異点を設定することを同時に行えば、チーム内の情報共有、市場に対する意識統一が図れます。

　また、6ヵ月に1度、特異点について要因分析、状況仮説を見出すと、市場の変化に即したタイムリーな施策展開に活かすことが期待できます。企画立案の必要が出てきたときに慌てて情報収集するのではなく、ストックされた情報があれば余裕をもってアイデア発想や企画に注力することができます。

図5-23

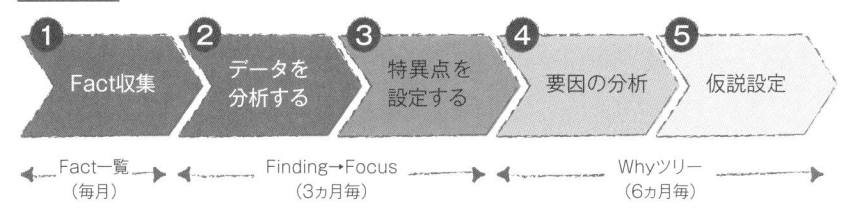

1. Fact収集 → 2. データを分析する → 3. 特異点を設定する → 4. 要因の分析 → 5. 仮説設定

- Fact一覧（毎月）
- Finding→Focus（3ヵ月毎）
- Whyツリー（6ヵ月毎）

　この取り組みをマーケティング部門だけでなく、営業部門、開発部門まで拡げれば、組織が一体となって共通認識を持つことが可能となります。組織を越えたナレッジが創出されるでしょう。

おわりに

　統計手法は医療や社会システムなど、私たちの生活を豊かにするうえで、とても重要な役割を果たしています。今後もさらに活用度合を高めることで活躍の範囲を広げることになるでしょう。

　本書で取り上げた統計手法は、特にマーケティングに特化した内容を目指しつつ、事例をもとにして、なるべく簡易に、実務で使用することを想定して、必要最低限の手法を解説することを心掛けました。

　その意味で統計や数学が苦手な方のマーケティングスキルを向上させることに微力ながら貢献できたのではないかと思います。

　本書で紹介しなかったマーケティングに役立つ分析手法として、コンジョイント分析や因子分析、クラスター分析などの多変量解析、定性分析ではテキストマイニングや観察調査など多数ありますが、本書をきっかけとして統計に興味をもっていただき、マーケティングスキル向上に役立てていただければ嬉しく思います。

　2013年はビッグデータというキーワードがビジネス界をはじめ、あらゆるところで注目されています。ただ、そのキーワードに踊らされることなく基本を押さえて、データ（information）からビジネスに活用できる知見（intelligence）を見出していただくことを祈念しております。

　最後に本書執筆の機会をいただきました日本能率協会マネジメントセンター出版事業本部の根本浩美氏、関係スタッフの皆様に感謝申し上げたいと思います。まったく書籍執筆には不慣れであった私を、厳しくも励まし続け、適切にご指導いただき

ました。本当にありがとうございました。

　本書で使用したケーススタディの一部はエクステリア商社の商品事業部の皆様にご提供いただきました。SNSリサーチに関しては、㈱トライバルメディアハウスの池田紀行社長のご協力をいただきました。この場を借りて御礼申し上げます。

　また本書の元となるコンサルティングの機会を与えてくださった皆様の直接的間接的なご支援がなければ執筆することは不可能であったと思います。社名を出すことは控えさせていただきますが、クライアント企業のマーケティング担当者の皆様、15年間育ててくれた㈱マーケティング研究協会と先輩後輩社員の皆様、パートナーとして協業してくださった先輩コンサルタントの皆様に、厚く御礼申し上げたいと思います。

　独立後これまで以上に支えてくれた妻、2人の娘の理解と協力に感謝したいと思います。

著者

■参考文献

- 戦略思考コンプリートブック（河瀬 誠、日本実業出版社）
- イシューからはじめよ（安宅和人、英治出版）
- 「社会調査」のウソ（谷岡一郎、文春新書）
- 数字のカラクリを見抜け！（吉本佳生、PHPビジネス新書）
- 思考・論理・分析（波頭 亮、産業能率大学出版部）
- リッスン・ファースト！（スティーブン・D・ラパポート、翔泳社）
- Webクリエイターのための Web マーケティング（山田案稜、ソシム）
- コトラーのマーケティング思考法（フィリップ・コトラー、東洋経済新報社）

MEMO

〈著者プロフィール〉

蛭川 速 （ひるかわ・はやと）

株式会社フォーカスマーケティング代表取締役。中小企業診断士。1969年生まれ。1991年、中央大学商学部卒業後、同年株式会社常陽銀行に入行。1997年株式会社マーケティング研究協会に入社。専務取締役を経て、2012年5月から現職。
企業のマーケティング支援業務に15年間携わった経験から、実務で活かせるマーケティング戦略を提唱。商品企画や販売促進などマーケティング実務におけるコンサルティング活動とマーケティングリサーチ支援を行う。ビジネスセミナーや企業研修講師としても活躍。「マーケティングは仮説設定が全て」を信条として、定量データから仮説を設定するプロセスを構築。企業実務での支援活動に注力している。

マーケティングに役立つ統計の読み方

2013年9月30日　初版第1刷発行

著　者───蛭川　速
　　　　　　Ⓒ2013　Hayato Hirukawa
発 行 者───長谷川隆
発 行 所───日本能率協会マネジメントセンター
〒105-8520　東京都港区東新橋1-9-2　汐留住友ビル24階
TEL　03(6253)8014(編集)／03(6253)8012(販売)
FAX　03(3572)3503(編集)／03(3572)3515(販売)
http://www.jmam.co.jp/

装　　　丁───平塚兼右(PiDEZA Inc)
本文ＤＴＰ───株式会社森の印刷屋
印　刷　所───広研印刷株式会社
製　本　所───株式会社宮本製本所

本書の内容の一部または全部を無断で複写複製（コピー）することは、法律で認められた場合を除き、著作者および出版者の権利の侵害となりますので、あらかじめ小社あて許諾を求めてください。

ISBN978-4-8207-4850-2　C2034
落丁・乱丁はおとりかえします。
PRINTED IN JAPAN

JMAMの本

現場感覚でわかりやすい
マーケティング戦略入門［理論と実践］

井徳正吾 著

四六判368頁

江戸時代の日本の商いにはマーケティングの原点があった——。博報堂出身の著者が富山の薬売りの販促手法などと絡めて、マーケティングを商売に生かす実践方法を説きます。

実戦BtoBマーケティング
お客様に頼られる存在になるための戦略実行

佐藤義典 著

四六判272頁

法人顧客に選ばれ、頼られる存在になれる「5つの秘訣」を取り入れることで、あなた自身そしてチームの営業力は格段に上がります。相手を知り、自分を知るためのツールが満載です。

実戦マーケティング思考
「論理思考＆イメージ発想」スキルを鍛える7つのツール

佐藤義典 著

四六判256頁

マーケティング発想を豊かにするためには「論理思考」と「イメージ発想」を融合させることがポイント。モホロジー（形態学）を応用した発想法など、ユニークな7つのツールを紹介します。

実戦ボトムアップ・マーケティング戦略
斬新な切り口の戦術から戦略を構築する

アル・ライズ／
ジャック・トラウト 著
丸山謙治 訳

四六判288頁

『ポジショニング戦略』『マーケティング22の法則』など日本でもおなじみの二人が、「現場主義」を徹底的に追求したマーケティング手法を解き明かします。日本の事例も新たに盛り込みました。

日本能率協会マネジメントセンター